Eva und Ulrich Klever

Selber Brot backen

Knusprig-frische Brotgenüsse, die jedem gelingen

Gräfe und Unzer

Titelseite:
So verschiedenartig können Brote und Brötchen sein! Hier sehen Sie knapp 30 von den rund 90 Brotarten in diesem Buch.

2. Umschlagseite:
Das Mehl, die Gewürze und die Hefe machen das Brot. Um Zeit zu sparen, die Zutaten vor dem Backen herrichten.

Ulrich Klever,
nach Studium von Zoologie und Ernährungsphysiologie Journalist geworden, kam von der Feinschmeckerei zum Kochen. Mit naturwissenschaftlicher Gründlichkeit erarbeitete er sich dieses Gebiet und wurde, dank seiner Fähigkeit, komplizierte Dinge einfach und einfache Dinge spannend beschreiben zu können, bald zum vielbeschäftigten Kochjournalisten.
Seit vielen Jahren schreibt er eine wöchentliche Kochkolumne, zuerst im »Stern», seit einem Jahr im »Frau im Spiegel«. In der Drehscheibe des ZDF hat er bisher fast 300 Fernseh-Kochrezepte vorgeführt, seine Kochbücher – vielfach prämiert von der Gastronomischen Akademie Deutschlands – wurden fast alle zu Bestsellern.
Bei seiner Arbeit ist seine Frau Eva seine engste Mitarbeiterin. Ihre große Liebe Backen führte zu diesem Buch.

Farbfotos: Johannes Rauch, München
Zeichnungen: Ingrid Schütz, München

Umschlaggestaltung: Heinz Kraxenberger, München
Satz und Druck: Druckerei G. Appl, Wemding
Offset-Reproduktionen: G. Reisacher, Stuttgart
Bindung: R. Oldenbourg, München
ISBN: 3-7742-3241-5

Sie finden in diesem Buch

Brot aus dem eigenen Ofen

Brotbacken ist eine kleine Schöpfung

Seit Jahren backen wir Brot. Weil wir gerne Brot essen, weil wir den Geruch lieben, der beim Backen entsteht, jenen Urduft nach frischer, knuspriger Kruste, und weil wir in der Küche möglichst schöpferisch arbeiten wollen. Denn Brotbacken ist von Anfang an ein schöpferischer Akt: man tut Lebendiges dazu (eine Art Schöpfung erlebt man jedesmal, wenn man Trockenhefe auflöst), man macht aus verschiedenen Bestandteilen einen Ballen, man knetet mit Kraft, man beheizt den Ofen, und wenn dann das fertige Brot aus dem Ofen kommt, nach der Wartezeit des Backens, knusprig, warm und appetitmachend . . . dann hat man eine richtige schöpferische Befriedigung. Werden alle diese Erwartungen enttäuscht, fällt unsere Freude so zusammen wie das mißlungene Brot, und man wird wütend.

So ist es bei Versuchen uns selbst gegangen, und Leserbriefe haben das bestätigt. Deshalb war unser wichtigster Grundsatz bei diesem Buch: Brotrezepte müssen *mehrfach* ausprobiert werden. So ist jedes Rezept in diesem Buch mindestens dreimal von uns und noch zweimal von je einer Backunerfahrenen nachgebacken worden. Und damit Sie sehen, wie die fertigen Brote ausschauen, zeigt jedes der Farbfotos nur die nach unseren Rezepten selbstgebackenen Brote.

Alle Brote wurden im Normalherd gebacken

Natürlich sind alle die Brote in unserem normalen Backofen entstanden, aus Zutaten, die man überall kaufen kann.

Erfolg wird garantiert

Die Rezepte sind so geschrieben, daß jeder ohne Schwierigkeiten nach ihnen backen kann. Dabei haben wir eine Bitte an die Neulinge und die Erfahrenen: halten Sie sich an die Rezepte, so wie sie aufgeschrieben sind. Nur dann garantieren wir den Erfolg.

Aus unserer Arbeit für Zeitschriften und das Fernsehen kennen wir die Wünsche derer, die selber Brot backen wollen, sehr genau. Wir kennen auch ihre Vorkenntnisse und kulinarischen Fähigkeiten. Aus diesem Wissen ist dieser Back-Ratgeber entstanden. Viel Erfolg wünschen

Eva und Ulrich Klever

Die drei Grundteige

Was hat denn die Selber-Brotback-Mode ausgelöst? Vor allem doch die Sehnsucht nach der guten alten Zeit mit ihren kleinen, aber gemütlichen Fehlern und die Abkehr von der sterilen heutigen Perfektion. Brote aus einer Brotfabrik sind perfekt, sie sind steril dazu, und was alles drin ist, weiß keiner von uns genau. Was wir in unsere Hausbackbrote tun, wissen wir, und daß sie nicht zirkelrund sind und auch einmal an der Oberfläche reißen, ist ihr besonderer Charme. Daß sie auch noch gut schmecken, daß sie jeder Gelegenheit angepaßt werden können, daß sie Ihre Gäste und Familie entzükken, das ist nicht zuletzt ein Grund, warum sich heute Frauen und Männer in die Küche stellen, um Brot zu backen. So wie wir es für Sie getan haben.

Für Brot gibt es drei Grundteige:
1. Hefeteig
2. Sauerteig
3. Backpulverteig.
Manches Rezept verlangt eine Mischung von Hefe- und Sauerteig oder eine Mischung von Hefe und Backpulver. Hefe- und Sauerteigbrote erkennt man an ihrem unterschiedlichen stark aromatischen Geruch, das Hefeteigbrot ist meist feinporiger als das Sauerteigbrot, das wiederum lockerer und saftiger sein kann. Backpulverbrote und -brötchen haben den großen Vorteil, daß sie nicht gehen müssen und daher wesentlich schneller zubereitet werden können. Ihre Konsistenz bleibt mehr in der Nähe von Rührkuchen.

Der Hefeteig

Die Hefepilze gehören zur großen Familie der Bakterien, die Speisen verderben oder aber erst richtig bekömmlich machen können. Ihre Triebkraft zum Backen auszunutzen, wurde sicher durch Zufall und den Mut zum Ausprobieren schon in der Stein- und Bronzezeit entdeckt: als ein früher Bäcker einen Teig aus grobgemahlenen Körnern und Wasser stehen und damit gehen ließ, der dann noch den Mut hatte, diesen »lebendigen« Teig zu backen. In einem Würfel von 40 g Hefe sind etwa 4 Millionen dieser Hefepilze zusammengepreßt. Trocknet man sie im Vakuum, so wird ihre Triebkraft in einen Dauerschlaf versetzt: die Trockenhefe. Sie ist monatelang haltbar und wird erst in Verbindung mit Wasser wieder lebendig. Hefe wird immer mit warmem Wasser oder Milch gelöst. Die meisten Rezepte verlangen, daß die Mischung einige Minuten warm stehenbleibt, bis entweder ein Vorteig (Preßhefe) entsteht oder die Lösung (Trockenhefe) cremig bis blasig ist. Beschleunigt wird dieser Vorgang durch Zugabe von 1 Teelöffel oder mehr Zucker. Jeder zubereitete Hefeteig muß gehen. Daraus ergeben sich die bei den Rezepten angegebenen sehr langen Zubereitungszeiten. Wenn Sie ein Brot des öfteren gebacken – also im Griff – haben, wagen Sie den Versuch, das Hefequantum zu verdoppeln und den noch nicht gegangenen Teig zu formen. Dann geben Sie ihn in den auf 50 Grad vorgeheizten Backofen, lassen ihn fast doppelt so groß werden, schalten auf die vorgeschriebene Temperatur und verlängern die angegebene Backzeit um einige Minuten.

Der Sauerteig

Wollen Sie den Sauerteig selbst zubereiten, gibt es dafür die verschiedensten Rezepte. Warnen muß ich vor Rezepten mit Milch aus Großmutters Kochbuch: unsere heutige Milch eignet sich nicht mehr dazu, und Milch vom Bauern bekommen nur die wenigsten.

Rezept für Sauerteig Bilder Seite 17

1 Päckchen Trockenhefe oder 1 Würfel Preßhefe
1 l lauwarmes Wasser
2 Eßl. Zucker
500 g Mehl

Die Hefe zuerst mit dem lauwarmen Wasser anrühren, dazu den Zucker geben und nach und nach das Mehl einrühren. Möglichst klumpenfrei rühren. Zudecken und an warnem Ort 24–48 Stunden stehenlassen. • Nach 24 Stunden einmal durchrühren – wenn es vergessen wird, macht es auch nichts. Bereits nach 24 Stunden kann der Sauerteig verwendet werden, das volle Aroma hat er erst nach 48 Stunden und anschließend. Ergibt einen fast flüssigen, hellen Sauerteig, mit dem wir gerne und viel in Verbindung mit Hefe oder Backpulver arbeiten. Unsere Rezepte beruhen alle auf diesem Sauerteigansatz. • Der Sauerteig kann für gut 10 Tage im Kühlschrank aufbewahrt werden. Ist die Hälfte vom Sauerteig verbraucht und Sie benötigen bald wieder größere Quanten, so geben Sie ½ l lauwarmes Wasser und 250 g Mehl daran.

Sauerteig für Freiluftköche

Zum Sauerteig soviel Mehl geben, daß ein weicher Teig entsteht, mit Mehl abgedeckt in einer luftdicht verschlossenen Plastikschale in der Kühltasche mitnehmen. Das benötigte Quantum herausnehmen, in der Sonne oder in Lagerfeuernähe etwas erwärmen und arbeiten lassen. Umrühren und verwenden. Hält mehrere Tage.

Sauerteig vom Bäcker

ist in der Konsistenz immer etwas fester, wie locker aufgeschlagener Kartoffelbrei von braungrauer Farbe (Ansatz). Zum Einkauf nimmt man am besten ein leicht ausgemehltes Gefäß mit, dann bleibt er nicht kleben. Gibt der Bäcker Ihnen Sauerteig, der bereits Knetteig-Konsistenz hat, so ist das kein Ansatz mehr, sondern bereits ein Vorteig, den Sie etwas verdünnen müssen, bis er zäh vom Löffel fällt, bevor Sie ihn verwenden.

Der Backpulverteig

Er rührt sich wie Kuchen und läßt sich in der reinen Zubereitungszeit noch wesentlich verkürzen, wenn Sie immer folgenden Mix im Tiefkühlgerät zur Verfügung haben:

800 g Mehl
4 Päckchen Backpulver
2 Teel. Salz
200 g Butter oder Margarine

Das Mehl in eine große Schüssel sieben, Backpulver und Salz untermischen. • Die sehr kalte Butter oder Margarine in Flocken daraufsetzen. Mehl und Butter mit trockenen Händen so lange miteinander verreiben, bis alles wie ganz feiner Grieß ist. In luftdicht verschlossenem Plastikbeutel sofort einfrieren. Hält sich im Tiefkühlgerät 3–4 Wochen. • Benötigte Menge jeweils abwiegen und 15 Minuten bei Zimmertemperatur stehenlassen. Dann kann nach Rezept angerührt und gebacken werden.

Backbemerkungen von A bis Z

Abschlagen	Der meist noch weiche Teig wird mit einem Holzlöffel kräftig von unten her gegen eine Wand der Schüssel geschlagen, wobei man sie mit der anderen Hand am besten gegen den Körper drückt. Beim Abschlagen binden sich alle Zutaten, das Mehl beginnt etwas anzuziehen, der Teig sich von der Schüssel zu lösen und Blasen zu schlagen.
Anziehen lassen	Ist ein Teig selbst nach dem Abschlagen noch sehr weich, lassen Sie ihn 10 Minuten stehen, das Mehl quillt etwas auf und zieht an. Nur notfalls etwas Mehl nachgeben. Trockenhefe, in Wasser gelöst, läßt man auch anziehen, d. h. sie wird erst dickflüssig verwendet.
Aufbewahrung	Hefe- und Sauerteigbrote nicht luftdicht verschließen, sie brauchen etwas Ventilation, sonst wird die Kruste ledrig und zäh. Backpulverbrote und -brötchen immer luftdicht verschlossen und kühl aufbewahren. Halten in Alufolie dicht verpackt am längsten.
Ausmehlen, ausölen	Läßt man den Teig in ausgemehlter oder ausgefetteter Schüssel gehen oder ruhen, so klebt er nicht an und kann leicht herausgenommen werden.
Backformen	Im Elektroherd backen Schwarzblechformen intensiver, im Gasherd Weißblechformen. Werden im Elektroherd Weißblechformen oder teflonbeschichtete Formen verwendet, muß man die Backzeit um etwa 5 Minuten verlängern.
Backofen	Verschiedene Brote benötigen Dampf oder feuchte Luft zum Ausbacken. Kurzen Dampf können wir erreichen, wenn der Ofen auf höchster Stufe vorgeheizt wird und zugleich mit dem Einschieben des Brotes eine Tasse sehr kaltes Wasser auf den Backofenboden gegossen wird. Backofentüre sofort schließen.

Manchmal muß man den Dampf nach 5 Minuten herauslassen, meistens verflüchtigt er sich, da unsere Öfen nicht so dicht schließen wie die Bäckeröfen. Feuchtigkeit bekommen wir, indem wir eine Tasse Wasser mit in den Backofen stellen.
Zweck bei beiden Methoden: die Oberflächen der Brote reißen nicht so leicht und haben häufig einen matten Glanz.

Backtemperatur

Der Backofen muß vorgeheizt werden, damit er beim Einschieben der Brote bereits die benötigte Temperatur erreicht hat. Man rechnet:
Elektroherd = 12–15 Minuten; Gasherd = 4–6 Minuten.

Backzeiten

Trotz der erprobten Backzeiten kann es immer einmal passieren, daß das Brot oben »richtig«, unten aber zu hell ist: mit Alufolie abdecken und auf tieferer Schiene nochmals einschieben, 5–10 Minuten nachbacken lassen. Oder das Brot ist oben zu hell und unten »richtig«: eine Leiste höher einschieben, 5–10 Minuten nachbacken lassen.

Einölen, Einfetten

Bei allen Teigen, die lange Zeit gehen müssen oder gar über Nacht, sollte man die Oberfläche mit Öl oder mit flüssiger Butter bestreichen, damit sich keine zähe, dicke Haut bilden kann, die sich so schwer verkneten läßt, daß meist Risse im Brot entstehen.

Einschiebhöhe

Die in den Rezepten angegebene Einschiebhöhe immer beachten, sie ist von großer Bedeutung. Siehe auch Backzeiten.

Gabelstiche

Verschiedene Teige brauchen beim Backen die Möglichkeit, sich zu dehnen, ohne daß die Oberseite reißt. Dies wird durch mehrfaches Einstechen mit einer Gabel erreicht (siehe Zeichnung auf Seite 11).

Mit der Gabel in Brote mit wenig Triebmittel stechen, damit der Teig sich besser dehnt und lockerer wird (links).
Damit ein großes Roggenbrot genügend Luft bekommt, mit einem Löffelstiel einen Trichter im Laib formen (rechts).

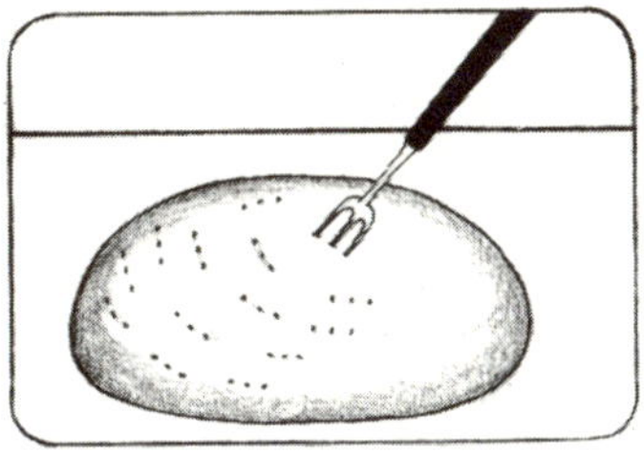

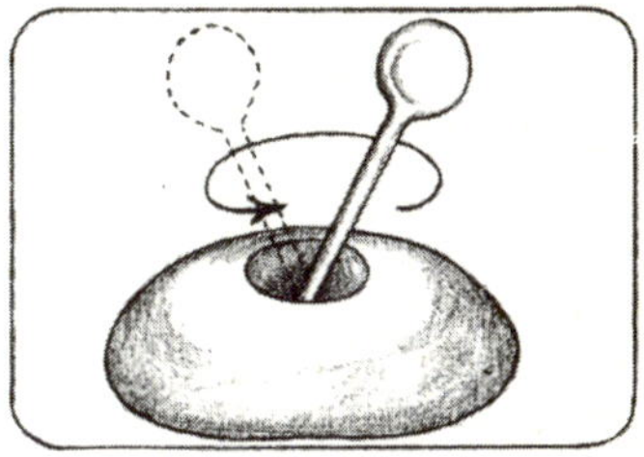

Holzstäbchen-Test

Bei dicken Broten ist der Test mit dem Holzstäbchen unerläßlich, bei anderen sehr zu empfehlen. Wenn die Backzeit sich dem Ende nähert und das Brot bereits die richtige Farbe hat, durch tiefes Einstechen prüfen, ob das Brot oder Brötchen durchgebacken ist. Das Stäbchen (feiner Schaschlikspieß oder Zahnstocher) muß trocken herauskommen.

Kneten

Häufig beginnt man bei festen Teigen bereits in der Schüssel mit der Hand zu arbeiten, bis sich alle Zutaten so weit gebunden haben, daß man auf bemehltem Brett weiterkneten kann. Beim Kneten arbeitet man hauptsächlich mit den Handballen, die man etwa in der Mitte des Teigballens ansetzt, den Teig von sich wegdrückt, übereinanderschlägt und wieder wegdrückt, dann immer mit einem Handballen wegdrückt und mit der anderen Hand wieder übereinanderschlägt. Zwischendurch Teig wenden, wieder zum Ballen formen und wieder kräftig von sich wegdrücken. Dabei das Brett oder die Arbeitsplatte leicht mit Mehl bestäuben, bis der Teig nicht mehr kleben bleibt, sondern glatt und glänzend ist. Natürlich dürfen Sie nicht beliebige Mengen Mehl mit einkneten. Manche Teige müssen weich bleiben. Damit dies gelingt, wird zwar auch ausdauernd, aber mit leichterer Hand geknetet, der Teig auch einmal hochgehoben und zwischen den Händen wieder geformt. Soweit Teige eine größere Mehlzugabe verlangen, ist dies in den Rezepten zum Beispiel durch die Angabe 500–550 g ausgedrückt. Je länger Sie einen Teig kneten, desto feiner wird das Brot. Je

dunkler und gröber die Mehlsorten, desto länger muß geknetet werden (siehe untenstehende Zeichnung).
Hier unseren Dank Frau Anni Huber für unermüdliches Teigabschlagen und Kneten.

Kneten: Teigballen auf bemehltem Brett von sich wegdrücken, mit einer Hand zurückholen, mit der anderen kneten (links).
Strang rollen: Teigballen auf bemehltem Brett zur Wurst formen und auf gewünschte Länge rollen (rechts).

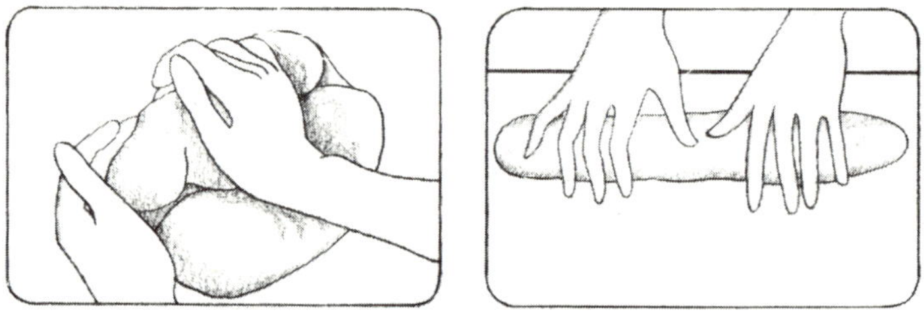

Korbbrote

Lassen Sie Brote, die auf dem Blech gebacken werden sollen, in Ihrem Brotkorb gehen, der mit einem möglichst dünnen, stark bemehlten Tuch ausgelegt wird. Teig hineingeben, andrücken, einölen. Gut sind Körbe aus kräftigem Geflecht, sie geben ein stärkeres Muster. Den gegangenen Brotlaib auf das Blech stürzen, Mehl etwas abpinseln. Backen (Bild Seite 17).

Küchenmaschinen

Alle Rezepte wurden von und mit Hand gearbeitet. Anweisungen für Entlastung durch maschinelle Kraft finden sich in den Gebrauchsanleitungen der einzelnen Geräte.

Maismehl

Maismehl oder Kukuruzmehl gibt es in den Lebensmittelabteilungen der Kaufhäuser, in Geschäften, in denen Gastarbeiter einkaufen, und im Reformhaus in den gängigen Sorten Hammer-Maismehl, Maisgrieß und Kukuruzmehl(neuform).

Mehl-Aufbewahrung

Das Mehl nach dem Einkauf aus der Tüte in ein strohtrockenes, verschließbares Gefäß umfüllen und an einem kühlen, trockenen Ort aufbewahren, damit es nicht klumpen kann.

Mehl-Typen

In unseren Rezepten sind nur Mehle verwendet worden, die auch jeder kaufen kann, dabei ist jeweils die Mehltypisierung (Type 405, 550, 997, 1050, 1370, 1700) mit angeführt. Im Laden um die Ecke und in den Supermärkten wird allerdings nur Type 405 geführt. Um Type 997 (Roggenmehl) zu bekommen, muß man zum Bäcker, der noch selbst bäckt, und für alle anderen ins Reformhaus wandern.

Mehlsorten

Hinzukommt, daß die Typisierung noch lange keine Qualitätsorientierung für uns ist. Sie legt lediglich für den Müller den Ausmahlgrad fest und sagt uns: je niedriger die Type-Zahl, desto heller ist das Mehl. So ist es klar, daß sich die gleiche Mehl-Type von verschiedenen Herstellern beim Backen durchaus nicht gleich verhält, und man sollte das Mißlingen eines Brotes nicht nur im Rezept, in der Ofentemperatur oder in den Zutaten, sondern auch in der Mehlqualität suchen. Am besten, man wechselt die Mehlsorte. Das bevorzugte – je weißer je besser – Auszugsmehl Type 405 ist leider am vitaminärmsten. Doch kann man hier schon auf Farbschattierungen achten oder nach Type 405 mit Vitaminzusatz (z. B. Diamant) suchen.
Je höher die Type-Zahl, desto dunkler ist das Mehl, je dunkler das Mehl, desto mineralstoff- und vitaminreicher. Wir verwenden von jeder Type Mehl die am dunkelsten wirkende Sorte. Es spielt bei der Ausführung der Rezepte aber keine Rolle, wenn Sie von der jeweiligen Mehl-Type eine mit Eiweiß angereicherte und kohlenhydratärmere Sorte verwenden.

Roggenmehl

Roggenmehl braucht viel Wasser, daher sind die Teige erst klumpig, dann batzig und schwer zu kneten. Der Bäcker kann mit industriellen Backhilfen ausgleichen, wir durch intensives Kneten. Teig zum Gehen einölen, vor dem Bakken mit Gabel einstechen oder/und mit nassem Zeigefinger fingertiefe Krater in die Mitte der Oberfläche einstechen (siehe Zeichnungen auf Seite 11).

Ruhen lassen

Ruhen lassen bedeutet, den Teig an einem kühlen Ort stehenlassen. Hefe- und Sauerteige sollen nicht mehr gehen.

Salz

Grobes Salz zu kaufen, ist heute nicht einfach, da unsere gängigen Sorten alle sehr fein sind. Da im allgemeinen nur kleine Mengen zum Bestreuen gebraucht werden, bittet man bei seinem Bäcker um etwas Brezelsalz.

Strang rollen

Das Strangrollen bedarf einiger Fingerfertigkeit. Dabei das Brett so wenig wie möglich bemehlen, da jede Mehlspur zunächst wieder eine kleine Falte in den sonst schon glatten Strang bringt, die beim Backen meist aufreißt. Neben Rollen empfiehlt es sich, den Strang immer wieder zu ziehen. Der Bäcker sagt nicht umsonst: einen Strang wirken (siehe Zeichnung auf Seite 12).

Teig formen

Der Teig wird fast ausschließlich auf bemehltem Brett oder Arbeitsplatte mit leicht bemehlten Händen geformt. Müssen viele Stücke oder Stückchen geformt werden, dann am besten einen Teil des Teiges kühl stellen, damit er nicht zu weich wird und auf dem Brett kleben bleibt. Es ist wichtig, daß alle Teigenden und Randstellen oder Teigfalten immer auf die Unterseite des Brotes und der Brötchen gezogen und gedrückt werden. So bekommt man eine schöne glatte Oberseite. Enden und Randstellen können beim Backen nicht aufspringen.

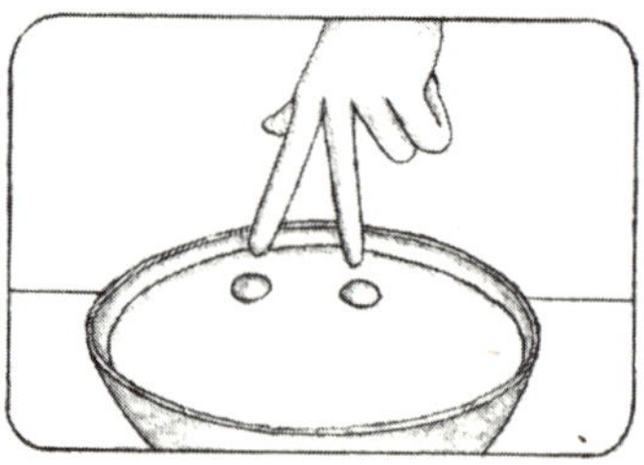

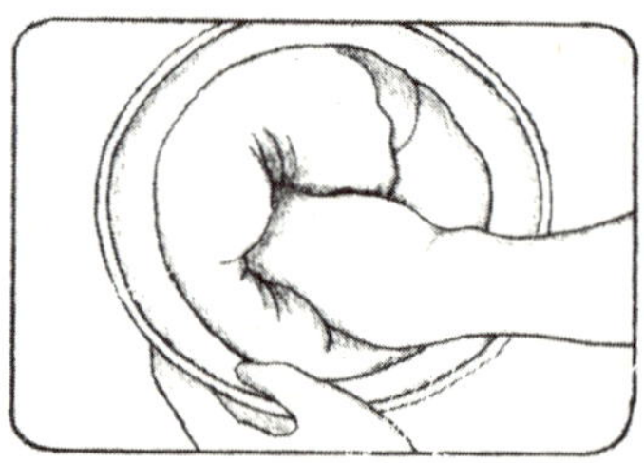

Zur Probe mit zwei Fingern in den Teig hineinstoßen! Bei genügend gegangenem Teig schließen sich die Löcher wieder (links).
Beim Zusammenschlagen löst man den Teig vom Rand und drückt mit der ganzen Hand die Luft heraus (rechts).

Teigprobe

Wenn Sie nicht mehr wissen, wie groß der Teigballen vor dem Gehen war: er ist genug gegangen, wenn Sie zwei Finger etwa 2 cm tief hineinstoßen und der Teig sich dennoch wieder schließt (siehe Zeichnung auf Seite 14).

Temperaturen

Die Angabe für den Elektroherd von beispielsweise 175–200° (thermostatisch) = O1/U3 (stufengeregelt), entspricht der Hahnstellung 2–3 oder 3–4 im temperaturgeregelten Gasherd oder 1/3 Flamme in älteren Gasherden. Wenn die Brote stark reißen, stimmt meist die Temperaturregelung des Herdes nicht mehr. Aber auch da kann man sich täuschen. Wir haben drei normale Backöfen, und doch sind die Backergebnisse nicht gleich, obwohl die Temperaturregler alle überprüft wurden. Man muß also trotz aller Angaben mit seinem Herd eigene Erfahrungen machen und danach entsprechend ausgleichen. Nicht erschrecken – meistens geht alles glatt.

Tiefkühlen

Generell sei gesagt: tiefgekühlte Hefeteige mögen nicht immer so, wie wir es wollen. Wer sich über einen Teig ärgert, der nicht mehr gehen will, der lasse die Finger vom Einfrieren oder halte sich nur Hefe im Tiefkühler, dann entsteht kaum Geld- und kein Arbeitsverlust. Auf Hefeteige, mit denen wir immer Glück hatten, ist im Rezept hingewiesen. Man schlägt dazu den gegangenen Hefeteig zusammen, knetet ihn durch und verpackt ihn luftdicht in Klarsichtfolie. • Zur Verwendung bei Zimmertemperatur auftauen und gehen lassen, dann wie im Rezept angegeben weiterverarbeiten. • Brötchen kann man bereits geformt einfrieren, Kastenbrot in der Backform, aber immer luftdicht abschließen. Haltbarkeit: 3–4 Wochen.
Die größte Arbeitserleichterung: Brote backen, in Scheiben geschnitten einfrieren, im Toaster auftauen und aufbacken.
• Brötchen gebacken einfrieren, sofort im auf 200° (Gas, Stufe 4) vorgeheizten Ofen etwa 10 Minuten aufbacken.

Aus Hefe, Weizenmehl, Wasser und Zucker wird Sauerteig (Rezept Seite 6) in einem großen Tongefäß für Roggenbrot angesetzt, das man im Korb gehen läßt. ▷

• Brotlaibe bei Zimmertemperatur antauen (6 Stunden) und 20 Minuten in den vorgeheizten Backofen geben – so wird die Krume wieder fest und rösch.
Haltbarkeit: 4–6 Wochen.

Vorteig

Aus Preßhefe wird immer ein Vorteig hergestellt: Die Hefe zerbröseln, in etwas lauwarmer Milch oder Wasser lösen, mit wenig Zucker und etwas Mehl zu dickflüssigem Teig anrühren. An warmem Ort stehenlassen, bis der Ansatz gut gegangen ist.
Bei Trockenhefe erübrigt sich dieser Arbeitsgang.

Zusammenschlagen

Beim Zusammenschlagen wird der bis auf doppelte Größe aufgegangene Hefe- oder Sauerteig mit Holzlöffel oder Hand so aus der Schüssel genommen, daß er dabei zusammenfällt und bereits der Hauptteil der Triebgase herausgeschlagen wird (siehe Zeichnung auf Seite 14).

Zutaten

Alle Zutaten immer bereitstellen, ganz gleich, wo und wie sie aufbewahrt waren. Sie nehmen Raumtemperatur an, und das ist wichtig. Außerdem verkürzt es den Arbeitsvorgang.

◁ Das Schweizer Zopfbrot (Rezept Seite 37) wird aus zwei Strängen geflochten. Nach gleichem Prinzip kann man auch einen langen Zopf arbeiten.

Die Rezepte

Bevor wir uns nun an die Hauptsache, das Backen, machen, noch zwei wichtige Hinweise.

Zubereitungszeit

In der Zubereitungszeit ist bei den Hefe- und Sauerteigbroten das Gehenlassen enthalten, deshalb dauert es manchmal so lange. Die Triebkraft der Hefe und des Sauerteigs läßt das Brot aufgehen. Die Länge der Zeit ist abhängig von der Hefemenge, der Schwere der Mehlsorten, dem Flüssigkeitsanteil und den übrigen Zutaten. Wichtig ist vor allem, den Teig nur so lange gehen zu lassen, bis er sich verdoppelt hat. Muß die Arbeit unterbrochen werden, schlägt man den Teig zusammen, stellt ihn für die Zeit der Unterbrechung in den Kühlschrank und macht dann weiter.

Kalorienangaben

Die Kalorienangaben sind zwar für die Grundmenge exakt berechnet, aber natürlich sind nicht alle Scheiben, Streifen oder Stücke von runden oder länglichen Broten gleich, nicht alle Brötchen wie Zwillinge. Auch schneidet man frisches Brot dicker als älteres. Beachten Sie das bitte, wenn Sie nach Kalorien leben.

Und nun ans Werk: die Brote wollen gebacken sein!

Kniffe zu einigen Rezepten dieses Buches:

Brotecken Großmutter-Art (Rezept Seite 46): Teigballen zu Kreisen formen, durchschneiden, mit Zwischenraum aufs Blech setzen (links).
Gefülltes Weißbrot (Rezept Seite 27): Das Teigblatt beidseitig in Streifen schneiden und über Füllung kreuzen (rechts).

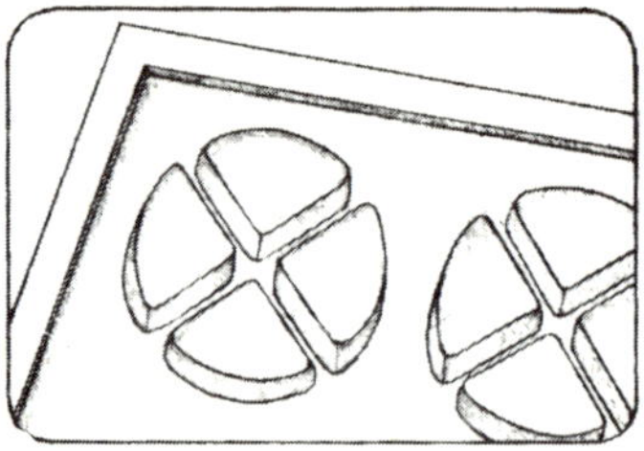

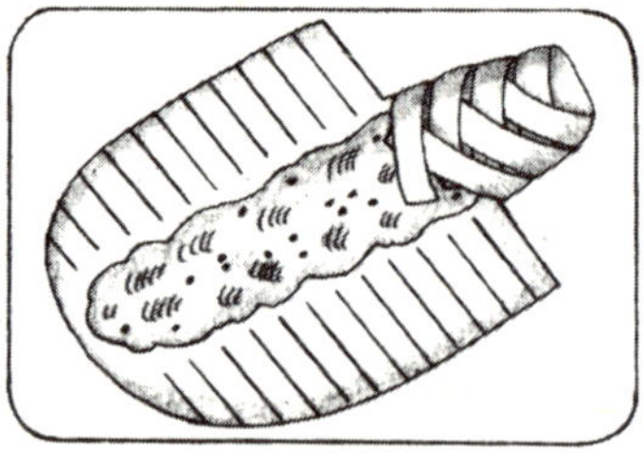

Rolls schneiden (Rezept Seite 42): Den gerollten Strang in gleichmäßigen Abständen zerschneiden und die Rolls auf das Blech setzen.

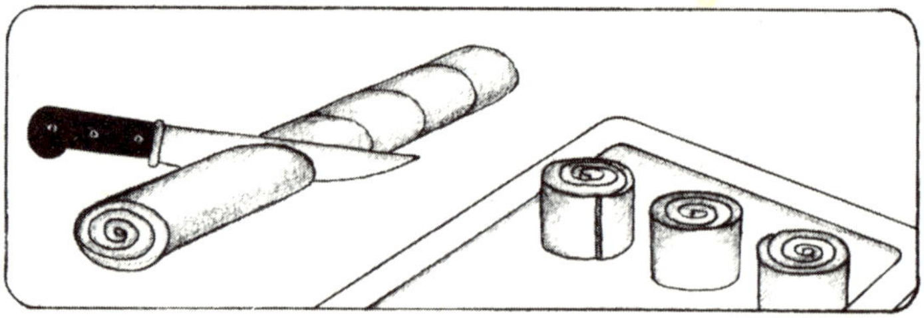

Hörnchen und Stangen (Rezept Seite 28): Teig dünn ausrollen, wie eine Torte in Segmente schneiden. Vom Rand her aufrollen, das spitze Ende über der Mitte andrücken.

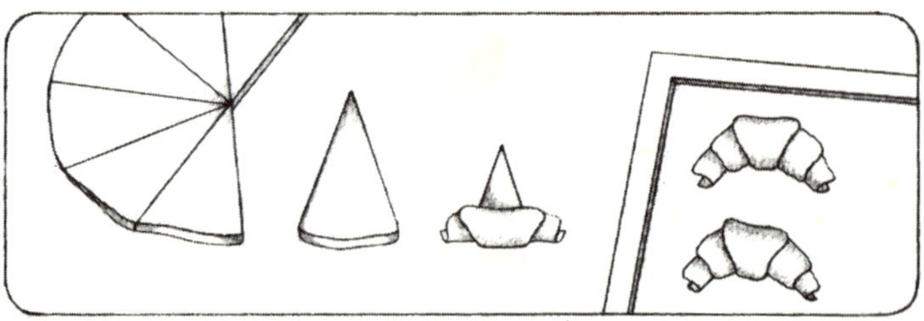

Einfaches Graubrot

Zutaten:
1 Päckchen Trockenhefe oder 20 g Preßhefe
4 Eßl. warmes Wasser
2 Teel. Salz
1 Eßl. brauner Zucker
0,2 l Wasser
350–400 g Roggenmehl (Type 997)
Ergibt 18 Scheiben zu je etwa 86 Kalorien (414 Joule).

Zubereitungszeit:
2½ Stunden

Backzeit:
1 Stunde und 10 Minuten

So wird's gemacht:
Die Hefe in dem warmen Wasser auflösen. Mit Salz, Zucker und dem restlichen Wasser mischen und unter 350 g Roggenmehl rühren. Leicht abschlagen. • Den Teig auf ein mit Roggenmehl bestreutes Brett geben und kräftig kneten – eventuell noch etwas Mehl nachgeben –, bis der Teig elastisch wird. • Teigballen in eine ausgemehlte Schüssel geben, Oberfläche mit Salatöl bestreichen, da die Oberseite von Roggenmehlteigen beim Gehen leicht trocken wird. • Zugedeckt an warmem Ort gehen lassen, bis sich der Teig verdoppelt hat, etwa 1 Stunde. • Zusammenschlagen, durchkneten und nochmals in der Schüssel zugedeckt 40 Minuten gehen lassen. • Zu einem runden, hohen Laib formen und auf ein bemehltes Backblech legen, mit Klarsichtfolie abdecken. Wieder gehen lassen, bis sich der Laib verdoppelt hat. • Backofen auf 225° (Gas Stufe 4–5) vorheizen. Backblech auf die Mittelschiene schieben und Brot 15 Minuten bei 225° (Gas Stufe 4–5) backen, dann auf 180° (Gas Stufe 3) herunterschalten und weitere 55 Minuten backen lassen.

So schmeckt's am besten:
Am nächsten Tag, mit Butter und viel Schnittlauch.
Oder ohne Belag zu allem – von Sauermilch bis zu Krebsen.

Unser Tip:
Wenn Sie dieses Brot einfrieren wollen, backen Sie es in einer Kastenform. Geben Sie das erkaltete Brot in einem Plastikbeutel in die Gefriertruhe.

Roggenbrot

Bild hintere Umschlagseite

Zutaten:
1250 g Roggenmehl (Type 997)
1 Eßl. Kümmel
½ l kochendes Wasser
1 Päckchen Trockenhefe
200 g Sauerteig
2 Eßl. Salz
⅛ l Wasser
2 Teel. Speisestärke

Ergibt 45 Scheiben zu je etwa 108 Kalorien (454 Joule).

Zubereitungszeit:
4½ Stunden

Ruhezeit:
mindestens 12 Stunden

Backzeit:
1 Stunde

Unser Tip:
Machen Sie ein 5-Pfund-Brot: verdoppeln Sie die Zutaten, lediglich vom Sauerteig werden nur 100 g und vom Salz nur 1 Eßlöffel mehr genommen. Geben Sie eine Brot-Party.

So wird's gemacht:
Das Mehl in eine Schüssel sieben, mit dem Kümmel vermischen. In die Mitte eine Mulde drücken. Das kochende Wasser einrühren, abkühlen lassen, ab und zu umrühren. • Die Hefe und den Sauerteig mit etwas Salz verrühren, zu dem klumpigen Mehl geben. Salz einstreuen und alles gut verkneten. In bemehlter Schüssel zugedeckt über Nacht an nicht zu warmem Platz stehen lassen. • Teig etwa 20 Minuten gut durchkneten, bis er sich von der Schüssel und den Händen löst. • Eine Teigkugel formen. In ausgemehlter Schüssel zugfrei an warmem Ort 1 Stunde gehen lassen. • Durchkneten, dann in einem mit Mehl bestäubten Küchentuch ½ Stunde ruhen lassen. • Backofen auf 250° (Gas Stufe 5–6) vorheizen. • Teig zu einem runden, hohen Laib formen. Auf ein Backblech setzen und mit der Gabel mehrmals einstechen, damit die Oberfläche nicht reißt. • In den vorgeheizten Ofen auf die mittlere Schiene schieben. Sofort 1 Tasse Wasser auf den Herdboden gießen. Ofentüre blitzschnell schließen und 5 Minuten geschlossen lassen. Dann öffnen, Dampf entweichen lassen, Türe wieder schließen. • Temperatur auf 200° (Gas Stufe 4) zurückschalten, das Brot 1 Stunde backen lassen. • ⅛ l Wasser aufkochen. In etwas kaltem Wasser aufgelöste Speisestärke hineingeben, aufkochen lassen. Das noch heiße Brot damit bestreichen – so bekommt es Glanz.

So schmeckt's am besten:
Von »noch warm« bis 8 Tage alt.

St. Galler Landbrot

Zutaten:
2 Päckchen Trockenhefe
oder 50 g Preßhefe
4 Eßl. lauwarmes Wasser
700 g Weizenmehl
(Type 405)
300 g Roggenmehl
(Type 997)
3 Teel. Salz
0,6 l Wasser

Ergibt 2 Brote mit je 20 Scheiben zu je etwa 93 Kalorien (389 Joule).

Zubereitungszeit:
2½ Stunden

Backzeit:
40 Minuten

Unser Tip:
Wenn Ihnen das Schneckenhaus zu schwierig erscheint, formen Sie zwei längliche, hohe Laibe und lassen sie 45 Minuten gehen, bis sich der Teig verdoppelt hat.

So wird's gemacht:
Die Hefe in dem lauwarmen Wasser auflösen, stehenlassen. • Inzwischen die beiden Mehlsorten und das Salz in einer großen Schüssel vermischen. • Eine Mulde in die Mitte drücken, die Hefelösung und das Wasser hineingießen, etwas unterrühren und mit dem Kneten beginnen. Teigballen auf bemehltem Brett 10–15 Minuten kneten, dann in ausgemehlter Schüssel an warmem Ort 50 Minuten gehen lassen. • Zusammenschlagen, durchkneten, in 2 Stücke teilen. • Jedes Stück zu einem Strang von 40–50 cm Länge rollen. • Mit einem Küchentuch bedeckt auf bemehltem Brett ruhen lassen, wenn der Teig nach etwa 15 Minuten zu gehen beginnt, die Stränge auf 70–80 cm Länge ziehen. • Weitere 30 Minuten gehen lassen. • Den Backofen auf 250° (Gas Stufe 5–6) einstellen. • Nun aus jedem Strang ein Schneckenhaus formen. Dabei das eine Teigende knapp eindrehen, den restlichen langen Strang in immer weiteren Kreisen halb darunterlegen und das Endstück unter das hohe Schneckenhaus drücken. • Beide Brote auf ein bemehltes Backblech setzen. Sofort auf die Mittelschiene des Backofens schieben, eine Tasse kaltes Wasser auf den heißen Boden gießen und blitzschnell die Ofentüre schließen. Nach 5 Minuten eventuell noch vorhandenen Wasserdampf durch kurzes Öffnen der Türe entweichen lassen. • Backofen auf 200° (Gas Stufe 4) herunterschalten und etwa 40 Minuten backen lassen. • Die Brote sind gut ausgebacken, wenn sie beim Klopfen mit dem Fingerknöchel auf den Boden hohl klingen. Notfalls noch 5 Minuten Unterhitze nachgeben.

So schmeckt's am besten:
Gut mit Butter bestrichen, darauf gewürzter Quark oder Marmelade.

Grahambrot

Zutaten:
25 g Preßhefe
1 Teel. Zucker
0,3–0,37 l warmes Wasser
600–650 g Grahammehl, grob (Type 1700)
1 Teel. Salz
1 Teel. brauner Zucker
1 Eßl. Butter oder Margarine

Ergibt 2 Laibe mit je 12 Scheiben zu je etwa 100 Kalorien (418 Joule).

Zubereitungszeit:
2¼ Stunden

Backzeit:
30 Minuten

Unser Tip:
Grahambrot läßt sich in Scheiben geschnitten gut einfrieren.

So wird's gemacht:
Hefe mit 1 Teelöffel Zucker in warmem Wasser lösen, 10 Minuten zugedeckt stehenlassen, bis leicht blasig. • In einer großen Schüssel das Grahammehl mit Salz und braunem Zucker mischen, die Butter oder Margarine in Flocken daraufsetzen. • Jetzt die Hefelösung dazugießen und alles zu einem glatten Teig verarbeiten. • Teigballen auf bemehltem Brett etwa 10 Minuten kneten, bis er schön geschmeidig ist. • Den Teig in eine ausgefettete Schüssel geben, die Oberfläche etwas einfetten, gut 1 Stunde gehen lassen, bis er sich verdoppelt hat. • Dann zusammenschlagen und in 2 Stücke teilen. • Zwei längliche Brote von etwa 15 cm daraus formen und mit scharfem, nassem Messer dreimal quer 1 cm tief einschneiden. • Auf ein bemehltes Backblech legen und die Brote leicht mit flüssigem Fett einpinseln. • Nochmals gehen lassen, bis die Brotlaibe doppelte Größe haben, etwa 40 Minuten. • Den Backofen auf 225° (Gas Stufe 4–5) vorheizen. • Die Brote auf der mittleren Schiene 30 Minuten backen lassen. • Sofort heiß mit gezuckerter Milch einpinseln. Das gibt den Broten einen seidigen Glanz. • Vom Backblech nehmen und auskühlen lassen.

So schmeckt's am besten:
Dick mit leicht gesalzener Butter bestrichen.

Variante
Gewürztes Grahambrot: Alle Zutaten genauso verwenden, jedoch statt 600 g grobem Grahammehl nur 400 g grobes Grahammehl und 200 g Weizenmehl Type 550 verarbeiten und den Teig mit 1 Teel. gemahlenem Cardamom und 1 Teel gemahlenem Muskat würzen. Das zweite Mal in einer gefetteten Kastenform (35 cm) gehen lassen und darin bei 200° (Gas Stufe 4) auf der untersten Schiene backen lassen. Ergibt 28 Scheiben mit je 85 Kalorien (356 Joule)

Deftiges Weißbrot

Zutaten:
450–500 g Weizenmehl (Type 405)
2 Teel. Zucker
0,1 l warmes Wasser
0,1 l Milch
1 Päckchen Trockenhefe
100 g Pellkartoffeln
2 Eßl. Butter oder Margarine
2 Teel. Salz

Ergibt 2 Laibe mit je 15 Scheiben zu je etwa 76 Kalorien (318 Joule).

Zubereitungszeit:
2½ Stunden

Backzeit:
30 Minuten

Unser Tip:
Teig zubereiten, durchkneten, in 2 Ballen aufs gefettete Blech setzen. Backofen auf 50° vorheizen, Brote darin 20 Minuten gehen lassen, bis der Teig sich verdoppelt hat. Auf 180° schalten. 20–30 Minuten backen. Diese Brote nach der Schnellbackmethode sollten sofort gegessen werden.

So wird's gemacht:
In einer großen Schüssel 100 g Mehl, Zucker, warmes Wasser, Milch und Trockenhefe mischen. • Zugedeckt an warmem Ort ungefähr 20 Minuten gehen lassen. • Inzwischen die Kartoffeln pellen und durch einen Durchschlag drücken. • Die Butter oder Margarine langsam schmelzen, abkühlen lassen. • Den gegangenen Vorteig durchrühren, die Kartoffeln, das restliche Mehl, Salz und zuletzt das zerlassene Fett daruntermengen. • Den Teig auf bemehltem Brett mindestens 10 Minuten kneten. • Den Teigballen in eine ausgemehlte Schüssel geben, mit Küchentuch bedecken und 1 Stunde an warmem Ort gehen lassen, bis er sich verdoppelt hat. • Den Teig zusammenschlagen, in 2 Stücke teilen und jeden Ballen kräftig durchkneten. • Ein Backblech fetten, die beiden Teigballen daraufsetzen, zu je einem runden Laib von etwa 15 cm Durchmesser drücken. Mit Küchentuch bedeckt nochmals 40–50 Minuten gehen lassen. • Im vorgeheizten Backofen bei 200° (Gas Stufe 4) 30 Minuten backen lassen, bis die Brote braun sind.

So schmeckt's am besten:
Zum Ei beim Frühstück, zu Käse, zu rohem Schinken.

Vielseitiges Weißbrot

Bild 3. Umschlagseite

Zutaten:
30 g Butter oder Margarine
0,4 l lauwarme Milch
1 Päckchen Trockenhefe oder 25 g Preßhefe
600–650 g Weizenmehl (Type 405)
40 g Zucker
2 Teel. Salz

Ergibt 2 Kastenbrote mit je 14 Scheiben zu je etwa 109 Kalorien (456 Joule).

Zubereitungszeit:
2½ Stunden

Backzeit:
50 Minuten

Unser Tip:
Aus dem gleichen Teig können Sie alle folgenden Formen backen. Kastenbrote und Laibe schneiden wir meist erst am nächsten Tag an. Kleingebäck schmeckt frisch am besten.

So wird's gemacht:
Die Butter oder Margarine langsam schmelzen und abkühlen lassen. • In 4 Eßlöffeln der lauwarmen Milch die Hefe auflösen und rühren, bis sie sich etwas bindet. • Die restliche Milch und etwa 100 g Mehl, dann die Butter und weitere 200 g Mehl nach und nach zum Hefebrei rühren. Weitere 100 g Mehl, den Zucker und das Salz darunterschlagen, bis der Teig weich-elastisch, dann weitere 150 g Mehl einarbeiten, bis der Teig fest ist. • Auf dickbemehltem Brett kneten. So viel Mehl einkneten, bis der Teig nicht mehr klebt. 10 Minuten kneten, bis der Teig glatt und glänzend ist, zum Ballen formen. • Den Teig in ausgemehlter Schüssel mit einem Küchentuch bedeckt etwa 1 Stunde an warmem, zugfreien Ort gehen lassen, bis er sich verdoppelt hat. • Teig zusammenschlagen, durchkneten und zwei Laibe in der Länge der Kastenformen (20 cm) formen, die Enden unten zusammendrücken. In der Form zugedeckt nochmals 45 Minuten gehen lassen. • Im vorgeheizten Ofen (200°) Brote auf der untersten Schiene 35–40 Minuten backen lassen.

Varianten
Für die herzhaften Varianten des Weißbrotes können Sie den Teig statt mit Milch mit Wasser und auf alle Fälle mit nur 20 g Zucker ausführen. Allerdings nicht für die süßen Brote und Brötchen. Alle Varianten im vorgeheizten Backofen bei 200° (Gas Stufe 4) backen lassen.

Weißbrotwecken
Den gegangenen Teig halbieren, zwei längliche Wecken (Laibe) daraus formen, auf gefettetem Backblech nochmals gehen lassen. Mit Wasser bestreichen. Mit scharfem Messer schräg dreimal 1 cm tief einschneiden. 1 Tasse Wasser mit in vorgeheizten Backofen stellen und die Brote auf der untersten Schiene 35 Minuten backen lassen.

Meterbrot mit Kümmel
2 Teigstränge von 50 cm rollen. Auf gefettetem Backblech nochmals gehen lassen. Mit verquirltem Ei bestreichen und mit Kümmel bestreuen.

Rosinenstuten
50 g Rosinen zum Teig mischen; 2 Kastenbrote backen.

Specklaib
100 g Speckwürfel ausbraten, abtropfen und abgekühlt in den Teig geben. Den gegangenen Teig halbieren und zwei hohe, runde Laibe formen. Auf gefettetem Blech gehen lassen. Im vorgeheizten Ofen 35–40 Minuten backen lassen.

Zopf
Den gegangenen Teig dritteln und 3 Stränge von 50 cm Länge formen. Einen Zopf flechten. Auf gefettetem Blech gehen lassen. Mit gezuckerter Milch oder verquirltem Ei bestreichen. Im vorgeheizten Ofen 50 Minuten backen lassen.

Gefülltes Weißbrot
Den gegangenen Teig halbieren. 2 Platten von 30 × 35 cm ausrollen. Auf jeder Platte drei 10 cm breite Felder markieren. Ein Mittelfeld mit etwa 300 g beliebiger Hackfleischfüllung, das andere mit 100 g Marmelade und 50 g gehackten Nüssen belegen. Die äußeren Felder zur Mitte hin in etwa 2 cm breite Streifen schneiden. Diese über der Füllung abwechselnd schräg übereinanderschlagen, so daß ein Gitter entsteht (siehe Seite 20). Die Brote in ausgefettete Kastenformen (35 cm) legen. 30 Minuten gehen und dann 40 Minuten backen lassen.

Semmeln oder Brötchen
Den gegangenen Teig in 24 Stücke teilen, Brötchen verschiedenster Art machen. Auf gefettetem Blech nochmals 15 Minuten gehen und 30 Minuten backen lassen. Wenn

nicht mit Ei bestrichen, beim Backen immer eine Tasse Wasser mit in den Backofen stellen.

Sternsemmeln
Die Brötchen rund formen, über Kreuz einschneiden.

Schrippen
Die Brötchen oval formen, längs einschneiden.

Knüppel
Die Brötchen rechteckig rollen, dünnere Längsseite bis zur Mitte überschlagen und andrücken.

Milchbrötchen
Die Brötchen rund formen, mit verquirltem Ei bestreichen, über Kreuz einschneiden.

Phantasiebrötchen
Aus einem Teigstück 3 kleine Kugeln formen, aneinander drücken, mit verquirltem Ei bestreichen.

Salzhörnchen oder Salzstangen
Den gegangenen Teig in 6 Teile teilen. Einen Teil jeweils verarbeiten, Rest kühl stellen. Teig zu Kreis von etwa 22 cm Durchmesser ausrollen. Über Kreuz in vier Teile schneiden. Jedes Dreieck von der langen Seite her aufrollen (siehe Seite 20). Mit Brezelsalz bestreuen. Zum Hörnchen biegen oder als Salzstange auf gefettetes Blech legen. 10 Minuten an warmem Ort gehen lassen. Im vorgeheizten Backofen 30 Minuten backen lassen.

Salzstangerl und Kümmelstangen
Den gegangenen Teig in 48 Stücke teilen, jedes Stück zu einem Strang von 15 cm Länge rollen. Mit Brezelsalz oder Kümmel bestreuen. 10 Minuten auf gefettetem Blech gehen und im vorgeheizten Backofen 20 Minuten backen lassen.

Kraftbrot

Zutaten:
2 Eßl. Maismehl
0,1 l Wasser
1 Teel. Salz
2 Teel. Zucker
15 g Butter oder
Margarine
1 Eßl. Kümmel
1 Päckchen Trockenhefe
300 g Roggenmehl
(Type 997)
200–250 g Grahammehl,
grob (Type 1700)
200 g Kartoffelbrei

Ergibt 2 Kastenbrote mit je 12 Scheiben zu je etwa 92 Kalorien (385 Joule).

Zubereitungszeit:
2 Stunden

Backzeit:
1 Stunde

Unser Tip:
1 Tasse Teig, bevor er gegangen ist, in ein Steingutgefäß geben und bei Zimmertemperatur sauer werden lassen. Nach einer Woche ein Kraftbrot mit diesem Sauerteig statt Hefe als Triebmittel backen.

So wird's gemacht:
Das Maismehl in 4 Eßlöffeln kaltem Wasser glattrühren. • Das restliche Wasser zum Kochen bringen, Maismehl einrühren und zu einem dicken Brei kochen, Salz, Zucker, Fett und Kümmel einrühren, abkühlen lassen. • Inzwischen die Hefe in lauwarmem Wasser lösen und anziehen lassen. • Das Roggenmehl in eine große Schüssel sieben, das Grahammehl untermischen. • Die Maismischung, die gelöste Hefe und den kalten Kartoffelbrei darunterrühren, dann kneten, bis sich der sehr klebrige Teig von der Schüssel löst, evtl. etwas Grahammehl nachgeben. • Den festen Teig auf mit Grahammehl bemehltem Brett kneten, bis er glatt und glänzend ist. • In eine ausgefettete Schüssel legen, Oberfläche mit Fett bepinseln und etwa 40 Minuten gehen lassen, bis sich der Teig verdoppelt hat. • Zusammenschlagen, dann den Teig halbieren, 2 längliche Laibe daraus formen und jeden in eine ausgebutterte oder teflonbeschichtete Kastenkuchenform legen. • Oberfläche wieder mit Fett bepinseln, zudecken und nochmals 30 Minuten gehen lassen. • Backofen auf 190° (Gas Stufe 4) vorheizen. • Die beiden Brote auf die unterste Schiene stellen und mindestens 60 Minuten backen lassen.

So schmeckt's am besten:
Gebuttert mit Camembert, natürlich auch mit anderen Käsesorten und mit Marmelade.

Ostpreußisches Buttermilchbrot

Zutaten:
150 g Weizenmehl (Type 405)
850 g Roggenmehl (Type 997)
10 g Preßhefe
200 g Sauerteig
½ l Buttermilch
1 Eßl. Salz

Ergibt 40 Scheiben zu je etwa 102 Kalorien (427 Joule).

Zubereitungszeit:
6 Stunden

Backzeit:
80–90 Minuten

Unser Tip:
Der Teig ist zwar ziemlich fest, das Brot wird trotzdem locker. Soll es saftiger sein, kneten Sie 150 g Kartoffelbrei mit ein.

So wird's gemacht:
Weizen- und Roggenmehl in eine Schüssel sieben, in die Mitte eine Mulde drücken. • Die Hefe hineinbröseln, den Sauerteig darübergießen und mit etwas Mehl vom Muldenrand anrühren. Zudecken und an warmem Ort 20 Minuten gehen lassen. • Den Vorteig unterrühren, die Buttermilch und das Salz dazugeben und mit dem Kneten beginnen. Sobald sich der Teig genügend bindet, auf bemehltem Brett weiterkneten, bis der Teig glatt und glänzend ist. • In ausgemehlte Schüssel legen und zugedeckt an warmem Ort 1½ Stunden gehen lassen. • Einen Brotkorb von 25–30 cm Durchmesser mit einem feinen Leinentuch auslegen, dick bemehlen. Nun den Teig zusammenschlagen, einen runden Laib formen und mit der Oberseite nach unten in den Korb legen, gleichmäßig etwas andrücken, das Tuch lose übereinanderschlagen. An warmem Ort weitere 3 Stunden gehen lassen, bis der Teig sich wesentlich vergrößert hat. • Backofen auf 250° (Gas Stufe 5–6) vorheizen. • Den Laib auf ein bemehltes Backblech stürzen, das Mehl mit einem Pinsel oder Tischbesen vorsichtig abstauben, bis man die Musterung auf dem Teig sieht. Mehrmals mit einer Gabel einstechen. • Auf der untersten Schiene in den Ofen geben, auf 200° (Gas Stufe 4) herunterschalten, eine flache Tasse mit Wasser unter das Backblech stellen und 80–90 Minuten backen. • Mit Holzstäbchen prüfen, ob das Brot gar ist. Es muß hohl klingen, wenn man mit dem Finger auf die Unterseite klopft.

So schmeckt's am besten:
Gebuttert und mit deftigem Käse belegt.

Haferflockenbrot Großmutter-Art

Zutaten:
0,5 l Milch
80 g Butter oder Margarine
4 Eßl. brauner Zucker
2 gehäufte Teel. Salz
2 Päckchen Trockenhefe
8 Eßl. lauwarmes Wasser
160 g kernige Haferflocken
500–550 g Weizenmehl (Type 405)

Ergibt 4 Laibe mit je 12 Scheiben zu je etwa 81 Kalorien (339 Joule).

Zubereitungszeit:
3½ Stunden

Backzeit:
50–60 Minuten

Unser Tip:
Auch andere Brote »angeschoben« backen.

So wird's gemacht:
Die Milch erwärmen und das Fett, den Zucker und das Salz darin lösen. Etwas abkühlen lassen. • In einer großen Schüssel die Hefe in dem lauwarmen Wasser lösen, die lauwarme Milch dazugießen und die Haferflocken und das Mehl einrühren, den Teig abschlagen. • Den Teig auf bemehltem Brett etwa 10 Minuten kräftig kneten, bis der Teigballen fest und glatt ist. • In eine ausgefettete Schüssel legen, Oberfläche fetten und zugedeckt 2 Stunden gehen lassen. • Zusammenschlagen, 4 Brote daraus formen, die Seiten mit Öl bepinseln und quer in eine rechteckige, teflonbeschichtete oder ausgefettete Back-Grill-Form (28 × 21 × 5 cm) legen. Oberfläche mit flüssiger Butter bestreichen und zugedeckt an warmem Platz nochmals 1 Stunde gehen lassen. • Backofen auf 200° (Gas Stufe 4) vorheizen und auf der untersten Schiene die Brote 50–60 Minuten backen lassen. • Die leicht aneinandergebackenen Brote auseinanderbrechen und auf dem Rost auskühlen lassen.

So schmeckt's am besten:
Wenn man so richtig Hunger hat, dick geschnitten, gebuttert und mit Leberwurst.

Western-Sauerteigbrot

Zutaten:
1/4 l Milch
60 g Zucker
75 g Butter
2 Teel. Salz
1 Päckchen Trockenhefe oder 25 g Preßhefe
2 Eßl. warmes Wasser
525–575 g Weizenmehl (Type 405)
375 g Sauerteig

Ergibt 2 Kastenbrote mit je 15 Scheiben zu je etwa 120 Kalorien (502 Joule).

Zubereitungszeit:
3 Stunden

Backzeit:
40 Minuten

Unser Tip:
Das Brot zur Abwechslung ein andermal als Laib formen.

So wird's gemacht:
Die Milch erhitzen, in eine große Schüssel geben und den Zucker, das Fett und Salz darin unter Umrühren auflösen, abkühlen lassen. • Die Hefe mit dem warmen Wasser anrühren, bis sie sich gelöst und gebunden hat. • In die Milchmischung 250 g Mehl einrühren, dann die gelöste Hefe und den Sauerteig unterrühren. Nach und nach das restliche Mehl darunterarbeiten. • 10 Minuten auf bemehltem Brett gut durchkneten. • Eine Schüssel ausfetten, den Teigballen zugedeckt 1 1/2 Stunden an warmem Ort gehen lassen. • Zusammenschlagen und nochmals kräftig kneten. In die Schüssel zurückgeben und weitere 30 Minuten gehen lassen. • Den Teig zusammenschlagen, halbieren und die beiden Teigkugeln 10 Minuten ruhen lassen. • Inzwischen 2 Kastenformen ausfetten. • Dann aus dem Teig 2 längliche Brote formen und in die Kastenformen legen. Nochmals gehen lassen, bis sich der Teig verdoppelt hat, etwa 1 Stunde. • Den Backofen rechtzeitig auf 200° (Gas Stufe 4) vorheizen und die Brote auf der unteren Schiene darin 40 Minuten backen, bis sie schön Farbe haben.

So schmeckt's am besten:
Brote aus der Form nehmen, auskühlen lassen, anschneiden und mit gesalzener Butter bestreichen.

Varianten

Western-Gewürzbrot: Alle Zutaten genauso verarbeiten und noch 1 Teelöffel Kümmel oder Anis mit einkneten.

Western-Roggenbrot: Alle Zutaten genauso verarbeiten, aber statt Weizen- Roggenmehl (Type 997) verwenden und 1 Stunde länger gehen lassen.

Finnisches Osterbrot

Bild Seite 35

Zutaten:

2 Päckchen Trockenhefe
4 Eßl. lauwarmes Wasser
2 Dosen Kondensmilch mit je 170 g
200 g Weizenmehl (Type 405)
250 g Butter oder Margarine
150 g Mandeln
5 Eigelbe
200 g Zucker
1½ Teel. Salz
2 Teel. Cardamom
2 Teel. abgeriebene Zitronenschale
2 Eßl. abgeriebene Orangenschale
150 g Rosinen
¼ l Milch
200 g Roggenmehl
400–450 g Weizenmehl (Type 405)

Ergibt 40 Scheiben zu je etwa 210 Kalorien (879 Joule).

Zubereitungszeit:

3 Stunden

Backzeit:

1½ Stunden

Unser Tip:

Blumentöpfe wie auf Seite 40 vorbereiten. In 4 kleinen Blumentöpfen backen.

So wird's gemacht:

Die Hefe mit dem lauwarmen Wasser in einer großen Schüssel anrühren und lösen. • Die Kondensmilch darangießen, 200 g Weizenmehl dazugeben und alles glattrühren. Mit Küchentuch bedeckt 45 Minuten an warmem Ort gehen lassen. • Die Butter langsam schmelzen, wieder erkalten lassen. • Die Mandeln hacken. • Die Eigelbe, den Zucker, die Butter, Salz, Cardamom, Zitronen- und Orangenschale, die Rosinen und die Mandeln darunterschlagen, bis alles gut vermischt ist. • Die Milch darübergießen, das Roggenmehl und 400 g Weizenmehl darangeben und zu einem festen Teig verarbeiten. • Den Teigballen auf bemehltem Brett mindestens 10 Minuten kräftig kneten. • In einer ausgefetteten Schüssel nochmals 40 Minuten gehen lassen, bis sich der Teig verdoppelt hat. • Leicht zusammenschlagen und den Teig in einen ausgefetteten Emailletopf oder Teflontopf mit 20 cm Durchmesser, Höhe 14 cm setzen, dessen oberer Rand auch gefettet wurde. Das Brot steigt beim Gehen etwas über den Rand und bekommt dadurch eine Krone. • Den Backofen auf 50° (Gas niederste Stufe) vorheizen, das Brot darin etwa 20–30 Minuten gehen lassen, bis es den Rand der Form erreicht hat. • Dann auf 180° (Gas Stufe 3) schalten und etwa 1½ Stunden backen lassen. • Mit langem Holzstäbchen prüfen, ob das Brot durch und durch gar ist.

So schmeckt's am besten:

Ein Viertel des Brotes in Keilform herausschneiden und quer in etwa 10 Scheiben schneiden, dann mit Butter bestreichen und den Osterschinken darauflegen.

Schwedisches Weißbrot (Fint Vetebröd)

Dieses köstliche Frühstücks- und Kaffeebrot wird am besten keilförmig geschnitten. Das Rezept für Finnisches Osterbrot finden Sie auf Seite 33. ▷

Zutaten:

1/4 l Milch
1 Päckchen Trockenhefe
100 g Margarine
2 Eier
1/4 Teel. Salz
75 g Zucker
1 Teel. Zimt
500 g Weizenmehl (Type 405)
1 Eßl. Wasser
1 Prise Salz
1 Eßl. Hagelzucker
20 g gehackte Mandeln

Ergibt 20 Scheiben zu je etwa 171 Kalorien (716 Joule).

Zubereitungszeit:
1 1/2 Stunden

Backzeit:
30 Minuten

Unser Tip:
Dieses süße Brot läßt sich ohne Glasur gut einfrieren. Das Rezept verdoppeln und gleich zwei Brote backen.

So wird's gemacht:
Die Milch erwärmen und die Trockenhefe in 3 Eßlöffeln der Milch auflösen. • Die Margarine in der lauwarmen Milch schmelzen lassen. Unter die gelöste Hefe 1 Ei kräftig einrühren, dann das Fett-Milch-Gemisch, Salz und Zucker dazugeben. Den Zimt unter das Mehl mischen und nach und nach unterrühren, bis alles gut vermischt ist. • Den Teig auf bemehltem Brett etwa 10 Minuten kräftig kneten, bis er glänzt. • Eine Schüssel leicht ausfetten, den Teigballen hineinlegen und mit einem Küchentuch zudecken. An warmem Ort 40 Minuten gehen lassen, dann hat sich der Teig verdoppelt. • Den Teig zusammenschlagen und auf bemehltem Brett nochmals durchkneten. • Ein Brot von etwa 20 cm Länge daraus formen und auf ein gefettetes Backblech legen. Leicht bedeckt an warmem Platz nochmals 20 Minuten gehen lassen. • Backofen auf 200° (Gas Stufe 4) vorheizen. • 1 Ei mit dem Wasser und der Prise Salz verquirlen. Das Brot mehrmals mit scharfem Messer schräg einkerben, dann den Laib mit dem Ei bestreichen und mit dem Hagelzucker und den Mandeln bestreuen. Auf die mittlere Schiene des Backofens schieben. 30 Minuten backen lassen.

So schmeckt's am besten:
Bestrichen mit bitterer Orangenmarmelade oder Quark, der mit 1 Prise Salz verrührt ist.

Variante
Fint-Brötchen: 18 Brötchen oder Semmeln formen, etwa 20 Minuten backen lassen.

◁ Ein Party-Hit sind die Blumentopfbrote (Rezept Seite 40). Die Idee mit den Blumentöpfen stammt vom amerikanischen Fernsehkochkollegen Graham Kerr.

Schweizer Zopfbrot

Bilder Seite 18

Zutaten:

1000 g Weizenmehl (Type 405)
1 Eßl. Salz
150 g Butter
0,5–0,6 l Milch
2 Päckchen Trockenhefe
4 Eßl. lauwarmes Wasser
1 Ei
1 Eigelb

Ergibt 25 Scheiben zu je etwa 214 Kalorien (895 Joule).

Zubereitungszeit:

1½ Stunden

Backzeit:

40 Minuten

Unser Tip:

Teig in 4 Stränge teilen und 2 kleine Zopfbrote machen. Ein Brot nach dem Backen einfrieren, bei Bedarf nochmals kurz aufbacken.

So wird's gemacht:

Mehl und Salz in eine Schüssel sieben, in die Mitte eine Mulde drücken. • Die Butter bei geringer Wärme schmelzen lassen, die kalte Milch dazugeben und in die Mulde gießen. • Die Hefe mit dem lauwarmen Wasser anrühren und mit dem verquirlten Ei zum Mehl geben. Umrühren, etwas abschlagen und dann auf bemehltem Brett einige Minuten tüchtig kneten. • Den Teig in die ausgemehlte Schüssel zurückgeben und zugedeckt an warmem Ort etwa 40 Minuten gehen lassen, bis er sich verdoppelt hat. • Zusammenschlagen, nochmals tüchtig kneten. • Den Teig halbieren, jede Teighälfte zu einem dicken Strang von etwa 60 cm Länge formen. Einen zweiteiligen Zopf zu flechten beginnen. Nach dem dritten Kreuzen die Enden fest unter das Brot drücken (siehe Seite 18). • Das Zopfbrot von allen Seiten etwas zusammendrücken, so daß es rund und hoch wird. • Backblech einfetten, Zopfbrot darauflegen und nochmals 10–15 Minuten gehen lassen. • Dann sehr kalt stellen, bis der Backofen auf 175° (Gas Stufe 3) vorgeheizt ist. • Das Eigelb verkleppern, das Brot damit bestreichen. • In den vorgeheizten Backofen auf die unterste Schiene geben und 40 Minuten backen lassen. Eventuell nach 30 Minuten mit Alufolie abdecken.

So schmeckt's am besten:

Dieses Brot darf man in Milchkaffee stippen.

Jüdisches Sesambrot

(Challah)

Zutaten:

2 Päckchen Trockenhefe
6 Eßl. warmes Wasser
1 Teel. Honig
3 Eier
1 Teel. Salz
3 Eßl. Öl
300–350 g Weizenmehl
(Type 405)
1 Eßl. Wasser
2 Eßl. Sesamsamen

Ergibt 20 Scheiben zu je etwa 110 Kalorien (460 Joule).

Zubereitungszeit:

2¼ Stunden

Backzeit:

40 Minuten

So wird's gemacht:

Die Hefe in das warme Wasser geben, dazu den Honig und alles unter Rühren auflösen. • In eine große Schüssel die Eier schlagen – 1 Eigelb zurückbehalten. Nun das Salz und das Öl mit den Eiern kräftig verrühren. • Die Hefe-Honig-Mischung dazugeben. Die Hälfte des Mehles unterrühren, dann das restliche Mehl darunterschlagen, eventuell weitere 50 g Mehl mit einarbeiten. • Den Teig auf bemehltem Brett kneten, bis er glatt und glänzend ist. • Eine Schüssel leicht ausfetten und den Teigballen darin zugedeckt bei Zimmertemperatur gehen lassen, bis er doppelten Umfang hat, etwa 45 Minuten. • Den Teig zusammenschlagen, durchkneten, in 3 gleichgroße Stücke schneiden. • Auf bemehltem Brett zu gleichlangen Rollen arbeiten. Daraus einen Zopf flechten, die Enden fest unter den Zopf schieben. • Ein Backblech einölen und den Zopf darauflegen. • Das zurückbehaltene Eigelb mit 1 Eßlöffel Wasser verquirlen und den Zopf damit bestreichen. Reichlich mit Sesamsamen bestreuen. • Leicht mit einem Tuch bedecken und 30 Minuten gehen lassen. • Backofen auf 200° (Gas Stufe 4) vorheizen. • Das Blech auf Mittelschiene einschieben, 40 Minuten backen lassen, bis goldbraun. • Hält sich in Alufolie oder im Brotkasten fast eine Woche.

So schmeckt's am besten:

Auf israelische Art – gebuttert und mit Puterbrust belegt zum Frühstück.

Unser Tip:

Sesamsamen nur in kleinen Mengen einkaufen, er wird leicht ranzig.

Haferflockenbrot schottische Art

Zutaten:

100 g kernige Haferflocken
0,1 l Sauermilch oder Dickmilch
100 g Weizenmehl (Type 405)
1 gehäufter Teel. Salz
1 gehäufter Teel. Backpulver

Ergibt 8 Stücke zu je etwa 106 Kalorien (444 Joule).

Zubereitungszeit:

15 Minuten

Ruhezeit:

mindestens 12 Stunden

Backzeit:

30 Minuten

Unser Tip:

Ein Brot für den Sonntagsbrunch, da man es morgens schnell backen kann.
Ein weiteres schottisches Rezept sind die Dunlop-Brötchen auf Seite 45.

So wird's gemacht:

Die Haferflocken mit der Sauermilch gut vermischen und über Nacht quellen lassen. • Am anderen Tag das Mehl in eine Schüssel sieben, mit Salz und Backpulver vermischen, dann die Haferflocken einrühren. Eventuell etwas Mehl nachgeben, bis ein fester Teig entsteht. • Den Teigkloß auf einem bemehlten Brett kurz durchkneten und zu einem Kreis mit 5 cm Dicke ausrollen. • Backofen auf 180° (Gas Stufe 3) einstellen. • Den geformten Teig auf ein mit Haferflocken bestreutes Backblech legen. Mit einem scharfen Messer wie bei einer Torte 8 Stücke leicht anschneiden. • Auf der Mittelschiene im vorgeheizten Backofen 30 Minuten backen lassen, bis das Brot lichtbraun ist • Mit Holzstäbchen prüfen, ob es ganz durchgebacken ist.

So schmeckt's am besten:

Mit Butter, oder gebrochen statt Kartoffeln zu Fleisch.

Varianten

Grahambrot schottische Art: Alle Zutaten genauso verarbeiten, doch statt Haferflocken 100 g Grahammehl grob (Type 1700) verwenden und am anderen Tag weitere 100 g Grahammehl einkneten.

Maisbrot schottische Art (Nur für Maisliebhaber): Alle Zutaten genauso verarbeiten, doch statt Haferflocken 100 g Kukuruzmehl (Maismehl grob; neuform) verwenden.

Buttermilchbrot schottische Art: Bei allen 3 Rezepten kann die Sauermilch gegen Buttermilch ausgetauscht werden.

Blumentopfbrot nach Graham Kerr

Bild Seite 36

Zutaten:

900–1000 g Weizenmehl (Type 405 oder 550)
1 Eßl. Salz
2 Päckchen Trockenhefe
1 Eßl. Zucker
3/8 l lauwarme Milch
1/4 l lauwarmes Wasser
etwa 4 Eßl. Butter

Ergibt 40 Scheiben zu je etwa 100 Kalorien (419 Joule).

Zubereitungszeit:

3 1/2 Stunden

Backzeit:

40 Minuten

Unser Tip:

Kleine Kakteentöpfe aus Ton präparieren, jeweils Teigbällchen hineinsetzen und nur 25 Minuten backen. So hat jeder Gast sein eigenes Blumentopfbrot.

So wird's gemacht:

Vom Mehl 900 g in eine Schüssel sieben, mit dem Salz vermengen, eine Mulde hineindrücken, die Hefe und den Zucker zugeben, die lauwarme Milch und das lauwarme Wasser unter Rühren nach einer Richtung einrühren und dabei etwa die Hälfte des Mehles mit einarbeiten. • Auf diesen Vorteig etwas Mehl streuen, die Schüssel mit einem Küchentuch zudecken und an warmem Ort 15 Minuten gehen lassen. • Den gegangenen Vorteig unter das übrige Mehl schlagen, bis sich alles von der Schüssel löst. • Den Teig auf bemehltem Brett kneten, bis er glatt und glänzend ist, etwa 15 Minuten. • Eine Schüssel ausmehlen, den Teigballen hineingeben, wieder mit einem Küchentuch zudekken und an warmem Ort 2 Stunden gehen lassen. • Den Teig zusammenschlagen und in 4 Stücke teilen. Jedes Stück noch einmal durchkneten, zum Ball formen und in einen Blumentopf (12–14 cm Durchmesser) setzen. • Wieder abdecken und nochmals 30 Minuten gehen lassen. • Backofen auf 225° (Gas Stufe 4–5) vorheizen, die Töpfe auf dem Rost in die unterste Schiene schieben und 40 Minuten backen. • Ein Brot aus dem Topf kippen, sollte es noch zu hell sein, im Topf noch 10 Minuten nachbacken. • Die Oberseite der heißen Brote mit abgeschäumter flüssiger Butter bestreichen.

So schmeckt's am besten:

Die Brote rund aufschneiden, buttern und mit runden Käse-, Wurst- oder Schinkenscheiben belegen.

Blumentöpfe als Backformen:

Blumentöpfe aus Ton scheuern, gut trocknen lassen. Mit abgeschäumter, zerlassener Butter ausstreichen. Die Töpfe auf dem Backblech 30 Minuten im Backofen bei 225° (Gas Stufe 4–5) erhitzen. Raucht stark! Abkühlen lassen. Vor Gebrauch stets wieder ausfetten. Niemals abwaschen.

Georgisches Käsebrot

(Chatschapuri) Bilder Seite 54

Zutaten:

1/4 l lauwarme Milch
2 Päckchen Trockenhefe
1/2 Teel. Zucker
500–600 g Weizenmehl (Type 405)
1 Eßl. Zucker
2 Teel. Salz
125 g weiche Butter
Füllung:
125 g Emmentaler Käse (45%)
125 g Schafskäse (50%)
125 g weicher, milder Camembert (45%)
125 g Quark (20%)
15 g Butter
1 Ei

Ergibt 12 Stücke zu je etwa 424 Kalorien (1775 Joule).

Zubereitungszeit:

1 3/4 Stunden

Backzeit:

1 Stunde

Unser Tip:

Form zum Teigfalten um die eigene Achse drehen, damit die Falten gleichmäßig werden.

So wird's gemacht:

In 1/8 l Milch die Hefe und 1/2 Teelöffel Zucker einstreuen. Nach 3 Minuten unterrühren, bis sich die Hefe gelöst hat. Warm und zugfrei stellen, 10 Minuten gehen lassen. • 500 g Mehl in eine große Schüssel geben. Restliche Milch, Hefelösung, 1 Eßlöffel Zucker, Salz und Butter mit großem Löffel gut mit dem Mehl verrühren. Kräftig schlagen, bis der Teig glatt ist und sich von der Schüssel löst. Eventuell noch etwas Mehl unterschlagen. • Teigkloß auf immer wieder bemehlter Arbeitsplatte 10 Minuten gründlich kneten. Ist er glatt und elastisch, in leicht gefettete Schüssel legen, mit Tuch zudekken, an warmem Ort gehen lassen, bis er sich verdoppelt hat, etwa 45–60 Minuten. • Den Emmentaler Käse kleinhacken, den Schafskäse zerbröckeln und mit Camembert, Quark, Butter und Ei im Mixer zu einer glatten, zähen Masse pürieren oder durch ein Haarsieb streichen und glattrühren. • Den Ofen auf 50° (Gas niederste Stufe) vorheizen. • Den Teig zusammenschlagen, durchkneten, auf bemehltem Brett zu einem Kreis von etwa 55 cm Durchmesser ausrollen, leicht bemehlen. • Vierfach falten. Das Kreisviertel mit der Spitze in die Mitte in einer gefetteten Springform von 22 cm Durchmesser legen. Wieder auseinanderfalten, daß der Teig gleichmäßig über den Formrand hängt. • Teig am Boden der Form glattstreichen. Käsefüllung in der Mitte zu einem Berg häufen. Heraushängenden Teigrand nach innen über den Käseberg decken, dabei den Teig in lockere Falten legen. Die Teigenden in der Mitte zusammenfassen und zu einem Knauf drehen. 10 Minuten auf der Mittelschiene gehen lassen, auf 175° (Gas Stufe 3) schalten und 1 Stunde backen lassen.

So schmeckt's am besten:

Noch warm mit grünem Salat als Abendessen.

Riesenrolls

Zutaten:
30 g Butter oder Margarine
6 Eßl. warmes Wasser
1 Päckchen Trockenhefe oder 25 g Preßhefe
0,4 l Milch
2 Teel. Salz
40 g Zucker
600–650 g Weizenmehl (Type 405)

Ergibt 32 Scheiben zu je etwa 124 Kalorien (519 Joule).

Zubereitungszeit:
2½ Stunden

Backzeit:
50–60 Minuten

Unser Tip:
Nach Phantasie füllen, aber immer mit verquirltem Ei, so bindet sich die Füllung am besten.

So wird's gemacht:
Den Brotteig nach Rezept »Vielseitiges Weißbrot« (Seite 26) herstellen. Füllungen zubereiten, während der Teig gehen muß. • Füllung 1: 40 g gehackte Petersilie, 2 gehackte Zwiebeln, 1 gehackte Knoblauchzehe, 30 g Butter, 2 verquirlte Eier, 1 Teel. Salz, 1 Prise Pfeffer, 1 Spritzer Tabasco. • Die Petersilie, die Zwiebeln und den Knoblauch in der Butter dünsten, nicht bräunen. Kalt werden lassen. 1 Eßlöffel Ei zurücklassen. Eier und Salz unterrühren, mit Pfeffer und Tabasco würzen. • Füllung 2: 2 Döschen Sardellenfilets, 1 gehackte Knoblauchzehe, 1 Döschen Tomatenmark, 1 verquirltes Ei, 1 Eigelb, 1 Prise Cayennepfeffer. • Die Sardellenfilets abtropfen, mit dem Knoblauch zur Paste zerdrücken. Das Tomatenmark, das Ei und das Eigelb daranrühren. 1 Eßlöffel Ei zurücklassen. Mit Cayennepfeffer würzen. • Den gegangenen Teig halbieren. • Zwei Rechtecke von 35 × 50 cm ausrollen. • Je mit einer der Füllungen bestreichen, aber 3 cm vom Rand entfernt bleiben. • Von der schmalen Seite her aufrollen, die Seitenenden unter den Teig drücken. • Mit glatter Oberfläche in je eine Kastenform (25 cm) setzen. Zugedeckt an warmem Ort 40 Minuten gehen lassen. • Backofen auf 200° (Gas Stufe 4) vorheizen. • Rolls mit Ei bestreichen. Nebeneinander auf der untersten Schiene 50–60 Minuten backen lassen. Eventuell abdecken, da das Ei schnell bräunt.

Variante
Zwiebelrolls: Alle Zutaten genauso verarbeiten, Zucker nur 2 Teel. nehmen. 300 g gehackte Zwiebeln und 100 g gewürfelten Speck in 2 Eßl. Öl bräunen, abkühlen lassen. Teig in 2 Rechtecke von 40 × 60 cm ausrollen, mit Fülle bestreichen, aufrollen. In 32 Rolls schneiden (siehe Seite 20). Auf der Schnittfläche in zwei ausgefettete Backformen (20 cm) setzen, gehen lassen, dann 30 Minuten backen lassen.

Salzbrezeln

Zutaten:

500–550 g Weizenmehl (Type 405)
1 Teel. Salz
10 g Preßhefe
1 Prise Zucker
1/8 l lauwarmes Wasser
20 g Butter
1/8 l lauwarme Milch
3 l Wasser
2 Eßl. Salz
3 Eßl. grobes Salz

Ergibt 15 Brezeln zu je etwa 139 Kalorien (582 Joule).

Zubereitungszeit:

1 3/4 Stunden

Backzeit:

30 Minuten

So wird's gemacht:

Das Mehl in eine Schüssel sieben, Salz untermischen. • In die Mitte eine Mulde drücken, Hefe hineinbröseln und den Zucker darüberstreuen. Mit 4 Eßlöffeln Wasser und etwas Mehl vom Muldenrand anrühren und zugedeckt an warmem Ort 10 Minuten gehen lassen. • Die Butter in der lauwarmen Milch schmelzen lassen. Den Hefevorteig unterrühren, die Milch und das restliche Wasser zugießen und den Teig schlagen, bis er sich von der Schüssel löst. • Den Teig auf dick bemehltem Brett kneten, bis er glatt ist. • Ein Tuch über den Teigballen legen und 30 Minuten gehen lassen. • Nochmals kräftig durchkneten und in 15 Stücke teilen. Jedes Teil zu einem Strang mit dickem Mittelstück und dünnen Enden von 30 cm Länge rollen. Brett immer wieder bemehlen, der Teig klebt leicht an. • Brezeln formen, dabei die Enden gut überkreuzt auf das dickere Mittelteil drücken. • Die Brezeln zudecken und nochmals 10 Minuten mehr ruhen als gehen lassen. • Backofen auf 230° (Gas Stufe 4–5) vorheizen und in einem großen Topf stark gesalzenes Wasser zum Kochen bringen. • Die Brezeln der Reihe nach hineingeben und sofort herausnehmen, wenn sie hochkommen, das geht sehr schnell. • Auf ein Küchentuch zum Abtropfen legen. • Die Brezeln mit scharfem Messer am dicken Mittelstück etwas einschneiden und mit grobem Salz bestreuen. • Auf bemehltem Backblech auf der Mittelschiene in den Backofen schieben, 1/2 Tasse Wasser auf den Ofenboden gießen, Türe sofort schließen. Temperatur auf 200° (Gas Stufe 4) herunterschalten und die Brezeln 30 Minuten backen lassen.

Unser Tip:

Brezelsalz vom Bäcker ist am besten. Statt Brezeln Ringe, Stangen oder kleine Eierbrötchen formen.

So schmeckt's am besten:

Knackig frisch ohne alles, auch wenn sie nicht ganz so braun wie vom Bäcker werden.

Tomatenstangen

Zutaten:
1 Päckchen Trockenhefe
4 Eßl. lauwarmes Wasser
600–650 g Weizenmehl (Type 550)
2 Eßl. Zucker
2 Teel. Salz
0,3 l Tomatensaft
30 g Butter oder Margarine
1 Ei
1 Eßl. Kümmel

Ergibt 40 Stücke zu je etwa 73 Kalorien (305 Joule).

Zubereitungszeit:
1½ Stunden

Backzeit:
25 Minuten

So wird's gemacht:
Die Hefe in dem lauwarmen Wasser lösen und etwas gehen lassen. • 600 g Mehl, Zucker und Salz in eine Schüssel sieben. • Den Tomatensaft erwärmen, Butter oder Margarine zerlassen. Beides warm zum Mehl geben, untermischen und dann die Hefelösung daruntermengen. • Den Teig kräftig schlagen. Auf bemehltem Brett weitere 10 Minuten kneten, eventuell noch das ganze restliche Mehl einarbeiten. • Den Teigballen in ausgemehlter Schüssel 30 Minuten gehen lassen. • Zusammenschlagen und in 4 Stücke teilen. Aus jedem Stück eine Stange von etwa 30 cm Länge formen. • Ein Backblech einfetten, die Stangenbrote darauflegen, mit Küchentuch abgedeckt 20 Minuten gehen lassen. • Das Ei verquirlen und die beiden Stangen damit bestreichen, dann reichlich mit Kümmel bestreuen. • Den Backofen auf 200° (Gas Stufe 4) vorheizen, Brote auf der Mittelschiene 25 Minuten backen lassen.

So schmeckt's am besten:
Das Brot nicht schneiden, sondern brechen und trocken zu Bier oder mitternächtlicher Suppe reichen.

Variante
Scharfe Tomatenstangen: Alle Zutaten genauso verarbeiten, jedoch statt Tomatensaft Sangrita picante verwenden.

Unser Tip:
Statt vier Stangenbrote viele schmale, 10 cm lange Tomatenstangen formen und backen.

Cheddarbrötchen

Zutaten:
200 g Weizenmehl (Type 405 oder 550)
1 Päckchen Backpulver
½ Teel. Salz
50 g Butter oder Margarine
oder statt dieser Zutaten
250 g Tiefkühl-Mix, siehe Seite 7
100 g Cheddarkäse (50%)
50 g Rohrzwiebeln
¼ Teel. Salz
1 Ei
4 Eßl. Weißwein
0,1 l Milch

Ergibt 12 Brötchen zu je etwa 147 Kalorien (617 Joule).

Zubereitungszeit:
30 Minuten

Backzeit:
25–30 Minuten

Unser Tip:
Nur alten, trockenen Cheddar zum Reiben verwenden, dann gehen die Brötchen sehr schön auf. Frischer Cheddar ist dafür zu schwer.

So wird's gemacht:
Das Mehl in eine Schüssel sieben, mit Backpulver und Salz vermischen. • Die sehr kalte Butter in Stückchen dazugeben. Mehl und Butter mit den Händen verreiben, bis alles wie feiner Grieß ist. • Oder eingefrorenen Mix verwenden. • Den Käse reiben, die Zwiebeln mit allem Grün sehr fein hacken, mit dem Salz kurz unter das Mehl rühren. • Das Ei leicht verquirlen, zusammen mit dem Wein und der Milch zugeben, sorgfältig verarbeiten. • Backofen auf 200° (Gas Stufe 4) vorheizen. • Nun den Teig in ausgefettete Backförmchen oder eine 12er Muffinform etwa ⅔ hoch einfüllen, glattstreichen. • In den vorgeheizten Ofen geben und 25–30 Minuten backen lassen.

So schmeckt's am besten:
Heiß zu Wein. Die Brötchen lassen sich in 3 Minuten bei 200° schnell wieder erwärmen.

Varianten

Dunlop-Brötchen: Alle Zutaten genauso verarbeiten, den Wein weglassen, dafür 5 Eßlöffel Milch mehr nehmen. Unter das vorbereitete Mehl ½ Teelöffel Senfpulver und eine Prise Cayennepfeffer mischen.

Sherrybrötchen: Alle Zutaten genauso verarbeiten, nur den Wein weglassen und dafür 5 Eßlöffel trockenen Sherry nehmen. Dann nicht zu Wein sondern zu Tee anbieten.

Parmesanbrötchen: Alle Zutaten genauso verarbeiten, nur statt 100 g Cheddarkäse 100 g Parmesan verwenden.
20 Minuten backen lassen, der Parmesan bräunt schneller.

Brotecken Großmutter-Art

Zutaten:
200 g Roggenmehl (Type 997)
1 Päckchen Backpulver
1 Teel. Zucker
1 Teel. Salz
½ Teel. gemahlener Kümmel
60 g Butter oder Margarine
2 Eier
4 Eßl. Rahm (Sahne)
1 Eßl. Kümmel

Ergibt 8 Ecken zu je etwa 184 Kalorien (771 Joule).

Zubereitungszeit:
25 Minuten

Backzeit:
20 Minuten

Unser Tip:
Teigecken in den Kühlschrank stellen und erst zur Mitternachtssuppe frisch backen.

So wird's gemacht:
In eine Schüssel das Mehl sieben. Das Backpulver, den Zucker, das Salz und den gemahlenen Kümmel dazumischen. • Butter oder Margarine in Flocken daraufsetzen und mit trockenen Händen verreiben, bis alles etwas bröselig ist. • Die Eier verkleppern (1 Eßlöffel Ei zurückbehalten) und mit dem Rahm darangeben, gut untermengen. • Den festen Teig auf ein bemehltes Brett geben und kneten, bis er glatt und glänzend ist. • In 2 Stücke teilen, Kugeln daraus formen. • Die Kugeln zu Kreisen von je 12–15 cm ausrollen. Jeden Kreis mit einem scharfen, nassen Messer über Kreuz in 4 Ecken schneiden. • Den Backofen auf 200° (Gas Stufe 4) vorheizen. • Ein Backblech einfetten und die Ecken so anordnen, daß sie einen Abstand von 2–3 cm zueinander haben (siehe Seite 20). • Mit Ei bestreichen und mit Kümmel bestreuen. • Das Backblech auf die Mittelschiene schieben, 20 Minuten backen lassen.

So schmeckt's am besten:
Frisch, ohne Butter, zu herzhaften Suppen oder Eintöpfen.

Varianten

Helle Brotecken: Alle Zutaten genauso verarbeiten, doch statt Roggenmehl Weizenmehl Type 405 verwenden.

Sesambrotecken: Den Teig für helle Brotecken, ohne Kümmel, zubereiten. Die mit Ei bestrichenen Teigecken mit Sesamsamen bestreuen.

Grahambrötchen: Alle Zutaten genauso verarbeiten, Kümmel weglassen und statt Roggenmehl Grahammehl (Type 1700 grob) nehmen.

Knäckebrot Hausmacher-Art

Bild Seite 53

Zutaten:
600 g Weizenmehl (Type 405)
1 Eßl. Salz
200 g Grahammehl, grob (Type 1700)
30 g Butter oder Margarine
0,3–0,5 l Wasser

Ergibt 40 Stück zu je etwa 78 Kalorien (326 Joule).

Zubereitungszeit:
2½ Stunden

Backzeit:
4 mal 15 Minuten

Unser Tip:
Man muß Geduld haben, sowohl beim Formen wie beim Backen. Bis alle Fladen gebakken sind, heißt es 60 Minuten beim Ofen stehen. Wer viel Zeit hat, kann sie halb so groß machen.

So wird's gemacht:
Das Weizenmehl in eine Schüssel sieben, Salz und Grahammehl untermischen, die kalte Butter oder Margarine in Flocken daraufsetzen und mit dem Mehl verreiben. • Das Wasser zum Kochen bringen, nach und nach nur so viel Wasser angießen und gründlich vermengen, bis ein fester Teig entsteht. • Den Teigballen in der Schüssel im Kühlschrank auskühlen lassen. • Dann auf mit Grahammehl bestreutem Brett kräftig kneten. • Den Teig in 40 Stückchen teilen, jedes Stück zu einer dünnen Platte von 8–10 cm Durchmesser ausrollen. • Backofen auf 170° (Gas Stufe 3) vorheizen. • Die Fladen auf ein Backblech legen, auf der Mittelschiene in den vorgeheizten Ofen geben und backen, bis sie weiß und hart sind, nach etwa 15 Minuten. Sie sollen nicht braun werden.

So schmeckt's am besten:
Knabbern – oder eine zerbrochene Scheibe noch kleiner splittern und auf eine normale Marmelade- oder Quarkschnitte streuen.

Variante
Käseknäcke: Alle Zutaten genauso verarbeiten. Unter den abgekühlten Teig 4 Eßlöffel geriebenen Parmesan- oder Cheddarkäse kneten.

Französisches Fladenbrot

Bild Seite 53

Zutaten:
10 g Preßhefe oder 1/2 Päckchen Trockenhefe
3 Eßl. lauwarmes Wasser
1/3 l Milch
20 g Butter
300–350 g Weizenmehl (Type 405)
1 Teel. Salz
10 g Zucker
1 Eßl. Öl
2 Eßl. grobes Salz
1 Eßl. Fenchel

Ergibt 12 Stücke zu je etwa 148 Kalorien (620 Joule).

Zubereitungszeit:
1 Stunde

Backzeit:
15 Minuten

Unser Tip:
Wenn Sie noch keine rechteckige Backform haben, rollen Sie den Teig in 2 Streifen à 15 × 30 cm und backen Sie sie variiert auf gefettetem Backblech.

So wird's gemacht:
Die Hefe in dem lauwarmen Wasser lösen und etwas stehenlassen. • Die Milch wenig erwärmen, die Butter darin zerfließen lassen. • 300 g Mehl in eine Schüssel sieben, mit Salz und Zucker mischen. Erst die leicht gegangene Hefe, dann die Milch-Buttermischung zugießen und gut abschlagen, bis sich der Teig von der Schüssel löst. Mit Küchentuch bedeckt an warmem Ort 30 Minuten gehen lassen. • Den Teig zusammenschlagen, auf dick bemehltem Brett durchkneten, dabei noch etwas Mehl dazugeben, bis er fest und glatt ist. • Rechteckig ausrollen und in eine teflonbeschichtete Back-Grill-Form (24 × 32 cm) legen. • 10–15 Minuten ruhen lassen, der Teig soll nur wenig gehen. • Backofen auf 200° (Gas Stufe 4) vorheizen. • Die Teigplatte mit dem Öl bestreichen, mit Salz und Fenchel bestreuen und dicht an dicht mit allen 10 Fingern eindrücken. • Auf Mittelschiene in den vorgeheizten Backofen geben und 15 Minuten bakken lassen. • Der Fladen soll innen weich und außen knusprig sein.

So schmeckt's am besten:
Heiß in Rechtecke schneiden und zu Fleischgerichten oder nur zu einem Glas Wein reichen.

Varianten

Anchovisfladen: Die Teigplatte statt mit Salz und Fenchel mit Anchovispaste bestreichen und mit den Fingern eindrücken. Anchovispaste: 1 Döschen Sardellenfilets gründlich wässern, abtrocknen, zerkleinern und mit 2 Eßlöffeln Öl unter Zerdrücken mit einer Gabel bei kleiner Hitze zu einer Paste verkochen.

Gewürzfladen: Dem Teig 1/4 Teelöffel Ingwerpulver, 1/2 Teelöffel Anis, 1/2 Teelöffel Koriander, 1/2 Teelöffel Kümmel zusetzen. Statt mit Fenchel mit grobem Salz bestreuen.

Südtiroler Vorschlagbrot

Zutaten:
500 g Roggenmehl (Type 997)
20 g Preßhefe
¼ l lauwarmes Wasser
2 Teel. Salz
1 Eßl. Anis
1 Teel. gemahlener Kümmel
1 Eßl. Steinklee

Ergibt 30 Streifen zu je etwa 61 Kalorien (255 Joule).

Zubereitungszeit:
30 Minuten

Ruhezeit:
mindestens 12 Stunden

Backzeit:
40 Minuten

Unser Tip:
In Tirol verwendet man blauen Steinklee, unsere Apotheken haben nur gelben Steinklee (Herba Meliloti) vorrätig und verkaufen ihn als Tee. Wir haben damit gebacken. 10 g genügen für 2 Brote.

So wird's gemacht:
Das Mehl in eine Schüssel sieben, in die Mitte eine Mulde drücken. Die Hefe mit der Hälfte des lauwarmen Wassers und 2 Eßlöffeln Mehl verrühren. In die Mulde geben. Zugedeckt 20 Minuten gehen lassen. • Kurz durchkneten. Über Nacht kühl stehen lassen. • Salz, Anis, Kümmel und Steinklee darüberstreuen und das restliche Wasser angießen, abschlagen und auf bemehltem Brett gründlich verkneten. Backofen auf 250° (Gas Stufe 5–6) vorheizen. • Den Teigkloß zu flachem Kreis ausrollen und auf ein bemehltes Backblech legen. • Mit allen Fingern versetzt eindrücken, so daß der Rand etwas wulstig wird. Mit einer Gabel mehrmals einstechen. 10 Minuten gehen lassen. • Auf Mittelschiene im Backofen bei 200° (Gas Stufe 4) 40 Minuten backen lassen.

Variante
Tiroler Vorschlagbrote: Den Teig genauso zubereiten, doch statt nur Roggenmehl eine Mischung aus 300 g Weizenmehl (Type 405) und 700 g Roggenmehl (Type 970) verarbeiten. Das Hefequantum verdoppeln und weitere ⅛ l Wasser zugeben. Steinklee weglassen. Den gekneteten Teig in 10 Stücke teilen. Jedes Stück zu einem Kreis von 15 cm Durchmesser ausrollen. Auf ein bemehltes Backblech legen und leicht mit Mehl überpudern. Mehrmals mit der Gabel einstechen. Auf Mittelschiene 30 Minuten bei 200° backen lassen. Ergibt 10 Fladen mit je 10 Streifen zu je etwa 37 Kalorien (155 Joule).

So schmeckt's am besten:
Etwas altbacken, ohne Butter oder Belag zu Suppen, Eintöpfen, zu Landwein.

Sojafladen

Bild Seite 53

Zutaten:
100–125 g Sojamehl, entfettet
100–125 g Roggenmehl (Type 997)
1 Teel. Salz
1 Teel. Zucker
2 Teel. Backpulver
2 Eßl. Butter
1 kleine Dose Kondensmilch
4 Eßl. Wasser

Ergibt 12 Stücke zu je etwa 123 Kalorien (515 Joule).

Zubereitungszeit:
15 Minuten

Backzeit:
10 Minuten

Unser Tip:
Sojamehl bekommt man im Reformhaus in den Typen »vollfett« und »entfettet«.

So wird's gemacht:
Das Sojamehl und das Roggenmehl mit Salz, Zucker und dem Backpulver in einer Schüssel mischen. • Die Butter langsam schmelzen lassen, mit der Kondensmilch und dem Wasser in die Schüssel gießen. So lange rühren, bis ein glatter Teig entsteht. • Backofen auf 225° (Gas Stufe 4–5) vorheizen. • Backblech gut einfetten, den Teig daraufgeben und mit bemehlten Fingern auf einen Kreis von 35 cm Durchmesser ziehen und drücken, der Teig soll etwa 1 cm dick sein. • Dicht mit einer Gabel einstechen. • Auf der untersten Schiene 10 Minuten oder bis lichtbraun backen lassen.

So schmeckt's am besten:
Sofort wie Tortenstücke aufschneiden und noch heiß mit viel Butter servieren.

Variante
Kleine Fladen: Alle Zutaten genauso verarbeiten, dem Teig aber noch 2 Eßlöffel Trockenmagermilch (Molico) zusetzen. Teig in 10 Stücke teilen und kleine braune Fladen backen.

Sibirische Zwiebelfladenbrote

Bild Seite 53

Zutaten:
120 g Zwiebeln
50 g Butter
1/8 l lauwarmes Wasser
200–250 g Weizenmehl (Type 405)
1/2 Teel. Salz

Ergibt 8 Fladen zu je etwa 170 Kalorien (856 Joule).

Zubereitungszeit:
45 Minuten

Backzeit:
35 Minuten

Unser Tip:
Wenn die Zwiebelfladenbrote nicht gleich gegessen und dann lappig werden, kann man sie im Ofen in 5–10 Minuten bei 125° leicht aufbacken. Wir nehmen an, daß man sie früher in Sibirien direkt auf der heißen Herdplatte mehr gedörrt als scharf gebakken und so auch wieder aufgefrischt hat.

So wird's gemacht:
Die Zwiebeln feinhacken und in 15 g Butter glasig dünsten, aber nicht bräunen, dann abkühlen lassen. • 35 g Butter zerlassen und mit dem lauwarmen Wasser in eine Schüssel geben, nach und nach die Zwiebeln, das Mehl und das Salz einrühren und den Teig zu kompaktem Ballen formen. • In 8 Stücke teilen, aus jedem Stück ein Bällchen machen. Auf bemehltem Brett zu Kreisen von etwa 20 cm Durchmesser ausrollen. Eine schwere Eisenpfanne ohne Fett sehr heiß werden lassen und die Fladen darin auf jeder Seite 3–4 Minuten backen. Diese Fladenbrote werden sehr fest und nur ungleichmäßig braun.

So schmeckt's am besten:
Gebuttert zu Joghurt und Milch. Statt Nüßchen zu einfachen Weißweinen knabbern.

Variante
Kümmelfladen sibirische Art: Alle Zutaten genauso verarbeiten und reichlich Kümmel oder Cumin (gemahlenen Kreuzkümmel) unter den Teig mischen.

Sesamfladen

(Tschúrek) Bild nebenstehend

Die Fladen sind die Urformen der Brote. Aus Weizen-, Graham- oder Sojamehl bietet man sie gerne Gästen an (Rezepte Seite 47–52). ▷

Zutaten:
1 Päckchen Trockenhefe
1 Eßl. Zucker
4 Eßl. und ½ l lauwarmes Wasser
900–950 g Weizenmehl (Type 405)
125 g Butter
1 Eßl. Salz
2 Eßl. Sesamsamen

Ergibt 10 Fladen zu je etwa 480 Kalorien (2009 Joule).

Zubereitungszeit:
1½ Stunden

Backzeit:
4 mal 20 Minuten

So wird's gemacht:
Die Hefe und 1 Teelöffel Zucker in den 4 Eßlöffeln lauwarmem Wasser lösen und an warmem Ort 10 Minuten gehen lassen. • 900 g Mehl in eine Schüssel sieben, in die Mitte eine Mulde drücken und die Hefelösung hineingeben, leicht unterrühren. • Die Butter langsam schmelzen und wieder abkühlen lassen. • ½ l lauwarmes Wasser, die flüssige Butter, den restlichen Zucker und Salz dazugeben und alles gut verarbeiten. Den Teig schlagen, bis er Blasen wirft. • Mit Küchentuch bedecken und etwa 50 Minuten an warmem Ort gehen lassen, bis sich der Teig verdoppelt hat. • Den Backofen auf 175° (Gas Stufe 3) einstellen. • Den Teig auf ein bemehltes Brett geben, kurz durchkneten und in 10 gleichgroße Stücke schneiden. Zu Kugeln formen und jede Kugel zu einem möglichst dünnen Fladen ausrollen. • Fladen auf ein gefettetes Blech legen, mit etwas Wasser bespritzen und mit Sesam bestreuen. (Auf ein normales Backblech passen 2–3 Fladen.) • Auf der Mittelschiene im vorgeheizten Backofen 20 Minuten backen lassen. • Die goldgelben Fladen auf einem Rost abkühlen lassen.

So schmeckt's am besten:
Zu Gegrilltem, zu Käse und zu jedem Wein.

Unser Tip:
In Alufolie gewickelt halten sich die Fladen mehrere Tage bei Zimmertemperatur.

◁ So faltet man ein Georgisches Käsebrot (Rezept Seite 41). Geht man beim Bereiten nach den Arbeitsfotos vor, gibt es keine Probleme.

Mais-Reis-Brot

Zutaten:

125 g Maismehl
50 g Weizenmehl (Type 405)
2 Teel. Backpulver
½ Teel. Salz
40 g Butter
1 Ei
⅛ l Wasser
⅛ l Milch
150 g gekochter Reis

Ergibt 14 Scheiben zu je etwa 78 Kalorien (326 Joule).

Zubereitungszeit:
15 Minuten

Backzeit:
30 Minuten

Unser Tip:
Warm statt Kartoffeln oder Nudeln zu Fleisch- und Gemüsegerichten servieren.

So wird's gemacht:
Maismehl, Weizenmehl, Backpulver und Salz in eine Schüssel sieben und mischen. • Die weiche Butter mit dem Ei cremig rühren und zusammen mit dem Wasser und der Milch unter das Mehl arbeiten. Zuletzt den gekochten Reis daruntermischen. • Den Backofen auf 200° (Gas Stufe 4) vorheizen. • Eine Kastenform (25 cm) ausfetten, den Teig hineingeben. Im vorgeheizten Ofen 30 Minuten backen lassen, bis das Brot schön braun ist.

So schmeckt's am besten:
Heiß pfeffern und darauf kalte Butterflocken.

Variante
Reisbrot: Alle Zutaten genauso verarbeiten, statt Mais- und Weizenmehl nur 200 g Weizenmehl (Type 405) verwenden und dem Teig 1 Messerspitze in Wasser gelösten Safran zusetzen. So wird das Brot gelb wie Mais-Reis-Brot.

Fränkische Roggenkipferl

Zutaten:

750 g Roggenmehl (Type 997)
250 g Weizenmehl (Type 405)
3 Teel. Salz
200 g Sauerteig
1 Päckchen Trockenhefe oder 25 g Preßhefe
11 Eßl. Wasser
1 gestrichener Teel. Speisestärke
$^1/_4$ l Wasser

Ergibt 25 Kipferl zu je etwa 158 Kalorien (661 Joule).

Zubereitungszeit:

2 Stunden

Backzeit:

30–40 Minuten

Unser Tip:

Sind Sie mehr fürs Rustikale, so lassen Sie das Bestreichen und legen auf die ofenheißen Kipferl ein bemehltes Küchentuch. Dann sind sie mehlig-grau statt satt glänzend.

So wird's gemacht:

Die beiden Mehlsorten in einer großen Schüssel mit dem Salz vermischen, eine Mulde in die Mitte drücken. Sauerteig und Hefe hineingeben – gleich ob Trockenhefe oder zerbröselte Preßhefe – 5 Eßlöffel Wasser angießen, alles mit wenig Mehl zu Vorteig vermengen und zugedeckt 10 Minuten warm stehenlassen • 6 Eßlöffel Wasser unterrühren und mit dem Kneten beginnen. Den nicht zu festen Teig auf bemehltem Brett kneten, bis er glänzt. • In zwei Stücke teilen, jedes zu einem Strang formen und jeden Strang in 10 Stücke schneiden. • Jedes Teigstück zu glatter Kugel zwischen den Händen rollen, auf ein bemehltes Backblech legen und zu länglicher Form drücken. • Mit Küchentuch bedeckt an warmem Ort 20–30 Minuten gehen lassen. • Mit scharfem Messer der Länge nach tief einschneiden, auf beiden Seiten des Schnittes die schon etwas feste Oberflächenhaut 3–4 mal mit einer Schere nicht tief aber lang einzwikken. • Die Kipferl auf ein Backblech legen. Wieder mit dem Tuch bedecken und weitere 30 Minuten gehen lassen, bis sich der Teig verdoppelt hat. • Backofen auf 250° (Gas Stufe 5–6) vorheizen. • Das Blech auf die Mittelschiene geben und 30–40 Minuten backen lassen, bis die Kipferl schön braun sind. • Die Speisestärke mit 3 Eßlöffeln Wasser anrühren, restliches Wasser zum Kochen bringen, die Speisestärke einrühren und aufkochen lassen. • Die ofenheißen Kipferl damit bestreichen.

So schmeckt's am besten:

Mit Rettich und Bier zu fränkischem Preßsack, zu allen Arten von Leberwurst und milden Käsen.

Rahmstriezel mit Mohn

Zutaten:

40 g Preßhefe
1/4 l lauwarmer Rahm (Sahne)
500 g Weizenmehl (Type 405)
1 Teel. Salz
40 g Butter
1 Eigelb
1 Eßl. Milch
1 Eßl. Mohn

Ergibt 10 Striezel zu je etwa 302 Kalorien (1264 Joule).

Zubereitungszeit:
1 1/2 Stunden

Backzeit:
30 Minuten

So wird's gemacht:
Die Hefe in der Hälfte des Rahms lösen, zudecken, 10 Minuten stehenlassen. • Das Mehl und Salz in eine Schüssel sieben, die kalte Butter in Flocken daraufsetzen und mit dem Mehl verreiben. • Die gegangene Hefe und den restlichen Rahm angießen, gut mischen. • Den Teigkloß auf bemehltem Brett kneten, bis er glatt und glänzend ist. • In eine ausgemehlte Schüssel legen, an warmem Ort etwa 30 Minuten gehen lassen, bis sich der Teig verdoppelt hat. • Zusammenschlagen, durchkneten und in 10 Stücke teilen. • Jedes Stück zu einem 35 cm langen Strang ausrollen und einen Striezel daraus flechten: Die Rolle zu einer Neun legen, das eine Ende fest unter den Teig drücken. Das andere Ende von unten durch den Kreis bis nach oben ziehen. Den Kreis einmal umschlagen, so daß eine 8 entsteht, deren oberer Ring durch das überhängende Endstück ausgefüllt ist. Das lose Endstück von unten durch den Ring ziehen, über den Ring laufen lassen, dann auf der Unterseite festdrücken. • Die Striezel auf ein gefettetes Backblech legen und zugedeckt an warmem Ort 10 Minuten gehen lassen. • Backofen auf 200° (Gas Stufe 4) vorheizen. • Eigelb mit Milch verquirlen, die leicht gegangenen Striezel damit bestreichen und mit Mohn dick bestreuen. • Auf der Mittelschiene etwa 30 Minuten backen lassen.

Varianten
Reiche Rahmstriezel: Alle Zutaten genauso verarbeiten, aber nur 0,1 l Rahm verwenden, dafür 1 Ei und 1 Eigelb zum Teig geben.

Rahmstriezel mit Kümmel oder mit Sesam: Striezel statt mit Mohn mit Kümmel oder Sesamsamen bestreuen.

Unser Tip:
Fertige Striezel einfrieren, aber nur bis zum nächsten Sonntag.

Kräuterbrötchen

Zutaten:
200 g Weizenmehl (Type 405)
1/2 Teel. Salz
1 Päckchen Backpulver
1/2 Teel. getrockneter Thymian
50 g Butter oder Margarine
oder statt dieser Zutaten
250 g Tiefkühl-Mix,
siehe Seite 7
6 Eßl. Milch
200 g Hüttenkäse

Ergibt 12 Brötchen zu je etwa 115 Kalorien (481 Joule).

Zubereitungszeit:
20 Minuten

Backzeit:
20 Minuten

Unser Tip:
Geht schnell und schmeckt gerade dann, wenn man Appetitanregung braucht.

So wird's gemacht:
Das Mehl in eine Schüssel sieben und mit Salz, Backpulver und dem zerriebenen Thymian mischen. • Die sehr kalte Butter in Stückchen darangeben. Mehl und Butter mit den Händen reiben, bis alles wie feiner Grieß ist. • Die Milch einrühren und den Hüttenkäse dazumengen. • 12 Backförmchen, Ragoût-fin-Förmchen oder eine 12er Muffinform ausbuttern. • Zu 2/3 mit dem festen Teig füllen, nicht glattstreichen. • Ofen auf 200° (Gas Stufe 4) vorheizen. • Brötchen auf der untersten Schiene 20 Minuten backen lassen. Sie sollen goldgelb mit dunklen Sprenkeln sein.

So schmeckt's am besten:
Warm zu Wein oder kalt aufgeschnitten, mit einer runden Scheibe Käse dazwischen.

Varianten
Wein-Kräuter-Brötchen: Alle Zutaten genauso verarbeiten, nur die Milch weglassen und dafür 6 Eßlöffel Weißwein einrühren.

Majoranbrötchen: Alle Zutaten genauso verarbeiten, nur den Thymian weglassen und dafür 1/4 Teelöffel Oregano (wilden Majoran) einrühren.

Korinthenbrötchen: Alle Zutaten genauso verarbeiten, nur den Thymian weglassen und dafür 40 g Korinthen einrühren, die vorher etwas eingeweicht, gut abgetropft und in Mehl gewendet wurden.

Orangen-Zwiebel-Brötchen: 1 Zwiebel (50 g) ganz fein hacken und in 1 Eßlöffel Butter braun rösten. Alle Zutaten genauso verarbeiten. Thymian und Milch weglassen und dafür die gerösteten Zwiebeln und 5 Eßlöffel Orangensaft an den Teig geben.

Feine Brioches

Bilder Seite 64

Zutaten:
2 Päckchen Trockenhefe
4 Eßl. lauwarmes Wasser
8 Eßl. Milch
1 Eßl. Zucker
2 Teel. Salz
450–500 g Weizenmehl (Type 550)
200 g Butter
5 Eier
1 Eigelb
1 Eßl. Milch

Ergibt 18 Stück zu je etwa 227 Kalorien (950 Joule).

Zubereitungszeit:
5 Stunden

Ruhezeit:
mindestens 12 Stunden

Backzeit:
35–40 Minuten

Unser Tip:
Es lohnt sich, machen Sie sich einmal die Mühe!
Wenn Sie keine Spezialform (wie auf dem Foto) haben, geht es auch in einzelnen Backförmchen.

So wird's gemacht:
In großer Schüssel die Hefe im lauwarmen Wasser lösen. 10 Minuten stehenlassen. • Milch, Zucker und Salz zur Hefe rühren und 200 g Mehl darunterschlagen. Die sehr weiche Butter, dann das restliche Mehl, zuletzt die Eier einzeln unter den Teig schlagen. • Den klebrigen Teig mit der Hand weiterschlagen. Dazu die Schüssel festhalten, mit der anderen Hand in den Teig greifen, hoch hinausziehen und kräftig zurückschleudern, etwa 20 Minuten, bis kein Teig mehr an den Fingern kleben bleibt. • In ausgefetteter Schüssel zugedeckt an warmem Ort 2–4 Stunden gehen lassen, bis sich der Teig verdoppelt hat. • Zusammenschlagen, Teigballen in die Schüssel geben und mindestens 12 Stunden (über Nacht) im Kühlschrank zugedeckt stehenlassen. • Den Teig auf leicht bemehltem Brett kurz durchkneten, halbieren. Die eine Hälfte in den Kühlschrank legen, die andere Hälfte in 9 Stücke teilen. Von jedem Teil ein walnußgroßes Stückchen abschneiden. Jeweils aus dem größeren Teigteil einen Ball formen und in ein ausgefettetes Förmchen setzen. Mit scharfem Messer ein Kreuz einschneiden und mit bemehlter Messerspitze die Einschnitte etwas auseinanderdrücken. Den nußgroßen Teigteil als Kugel auf das Einschnittkreuz drücken. Auch den Teig aus dem Kühlschrank so verarbeiten. • Nochmals 30 Minuten gehen lassen. • Backofen auf 220° (Gas Stufe 4–5) vorheizen. • Das Eigelb mit der Milch verquirlen, die Brioches damit bestreichen. • Auf der mittleren Schiene 35–40 Minuten backen lassen.

So schmeckt's am besten:
Ofenfrisch das Krönchen abbrechen und ein Stückchen gesalzene Butter daraufsetzen.

Schnelle Brioches

Zutaten:
500 g Weizenmehl (Type 405)
40 g Preßhefe
1 Eßl. Zucker
1/4 l warme Milch
120 g Butter
2 Eier
1/2 Teel. Salz
1 Eigelb
1 Eßl. Milch

Ergibt 24 Stück zu je etwa 136 Kalorien (569 Joule).

Zubereitungszeit:
1 Stunde

Backzeit:
15 Minuten

So wird's gemacht:
Das Mehl in eine Schüssel sieben und eine Mulde in die Mitte drücken. • Die Hefe in die Mulde bröseln, den Zucker darüberstreuen. • Langsam die Hälfte der warmen Milch angießen und dabei Hefe, Zucker und etwas Mehl von den Muldenrändern mit einrühren. • Schüssel mit Tuch bedekken und den Vorteig an warmem Ort 10 Minuten gehen lassen. • Die Butter langsam zerlassen und wieder abkühlen. • Den Vorteig unter das Mehl mengen, zerlassene Butter, Eier und Salz einarbeiten und den Teig glatt schlagen. • Schüssel mit einem Tuch abdecken und etwa 15 Minuten gehen lassen. • 24 Backförmchen oder Ragoût-fin-Förmchen ausbuttern. Eigelb und Milch verquirlen. • Teig zusammenschlagen, auf bemehltem Brett kurz durchkneten und einen langen Strang daraus rollen. • Backofen auf 50° (Gas niederste Stufe) stellen. • Teigstrang in 24 Stückchen teilen, von jedem Stückchen ein Viertel abschneiden und große und kleine Kugeln daraus drehen. • In jedes Förmchen eine große Kugel setzen, mit Eigelb bestreichen und eine kleine Kugel in die Mitte daraufdrücken. • Die Förmchen auf Rost oder Backblech stellen, auf Mittelschiene in den Backofen schieben. Nach 10 Minuten, wenn der Teig sich verdoppelt hat, 200° (Gas Stufe 4) Temperatur einstellen und 15 Minuten backen lassen.

So schmeckt's am besten:
Handwarm und natürlich zum Frühstück.

Variante
Käsebrioches: Alle Zutaten genauso verwenden, doch unter den Teig 100 g kleinstgewürfelten Emmentaler mengen. Backzeit 5 Minuten verlängern. Kann sowohl in Förmchen wie als Kranz gebacken werden.

Unser Tip:
Teig spät abends nur mit 20 g Hefe zubereiten. Im Kühlschrank stehenlassen. Zum Frühstück formen und backen. Braucht bei 50° gut 20 Minuten, bis er sich verdoppelt.

Buttermilchbrötchen

Zutaten:
1 Päckchen Trockenhefe
2 Eßl. lauwarmes Wasser
200–250 g Weizenmehl (Type 405)
1 Teel. Salz
1 Teel. Backpulver
25 g Butter oder Margarine
$^1/_8$ l Buttermilch

Ergibt 12 Brötchen zu je etwa 99 Kalorien (414 Joule).

Zubereitungszeit:
35 Minuten

Backzeit:
20 Minuten

Unser Tip:
Die 12 Teigkugeln in einer 14 × 22 cm Aluform backen und wie Rohrnudeln auseinanderbrechen, dann heiß mit Vanillesauce essen.

So wird's gemacht:
Die Hefe in dem lauwarmen Wasser lösen und etwas anziehen lassen. • 200 g Mehl mit Salz und Backpulver in eine Schüssel sieben. • Die Butter in Flocken dazugeben, die Buttermilch angießen, alles leicht verrühren, dann die gelöste Hefe daruntermischen. • Den Teig schlagen, bis er sich von der Schüssel löst. • Auf bemehltem Brett kurz durchkneten, eventuell das ganze restliche Mehl einkneten. • Den nicht zu festen Teig zu einem Strang rollen und in 12 Stücke schneiden. • Aus jedem Stück ein glattes Bällchen formen und auf ein gefettetes Backblech setzen. Mit einem Küchentuch zugedeckt 15 Minuten an warmem Ort gehen lassen. • Backofen auf 200° (Gas Stufe 4) vorheizen, das Blech auf der untersten Schiene einschieben und 20 Minuten backen lassen.

So schmeckt's am besten:
Mit Butter zu Tee oder auch zu Kakao.

Variante
Dunkle Buttermilchbrötchen: Alle Zutaten genauso verarbeiten, nur statt Weizenmehl (Type 405) Roggenmehl (Type 997) verwenden. Mit 1 Teelöffel Speisestärke, in $^1/_8$ l Wasser aufgekocht, heiß bestreichen, das gibt Glanz.

Pionier-Brötchen

Aus dem Wilden Westen stammen diese Sauerteigbrötchen (Rezept Seite 66). Die deftigen Dinger bäckt man rustikal in Pfanne oder Springform. ▷

Zutaten:

2 Päckchen Trockenhefe
4 Eßl. lauwarmes Wasser
200 g Weizenmehl (Type 405)
200 g Buchweizenmehl
2 Teel. Salz
2 Eßl. Öl
1/4 l Buttermilch

Ergibt 24 Brötchen zu je etwa 74 Kalorien (310 Joule).

Zubereitungszeit:

1 1/4 Stunden

Backzeit:

20 Minuten

So wird's gemacht:

Die Hefe in dem lauwarmen Wasser lösen und gehen lassen. • Das Weizenmehl und das Buchweizenmehl mit dem Salz vermischen. Das Öl und die Buttermilch einrühren, dann die gelöste Hefe darunterschlagen. • Den Teig etwa 5 Minuten anziehen lassen. Weiterschlagen, bis er sich von der Schüssel löst. • Auf ein bemehltes Brett geben, einen Strang daraus rollen und in 24 Stücke schneiden. • Aus jedem Stück ein längliches Brötchen formen, mit scharfem Messer der Länge nach einen flachen, 2 cm langen Einschnitt machen. • Ein Backblech einölen, die Brötchen daraufsetzen, mit einem Küchentuch abdecken und 30 Minuten an warmem Ort gehen lassen. • Backofen auf 200° (Gas Stufe 4) vorheizen. • Das Blech auf die unterste Schiene schieben und die Brötchen 20 Minuten backen lassen. Eventuell 5 Minuten Unterhitze nachgeben.

So schmeckt's am besten:

Mit Leberwurst, ohne Butter, auf zwei Tage alten Brötchen.

Unser Tip:

Nur 12 große Brötchen machen; dann verdoppeln sich natürlich die Kalorien.

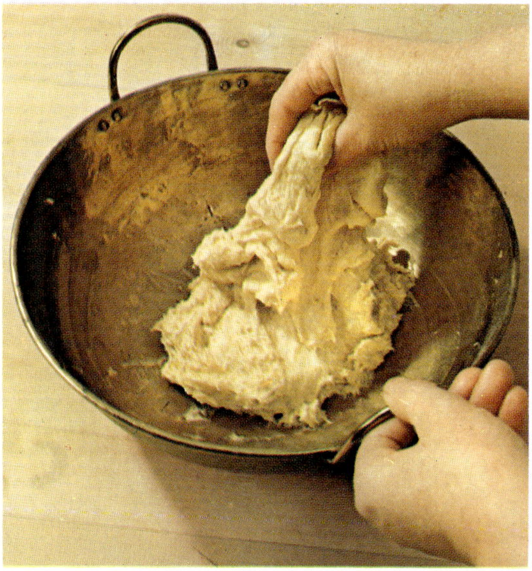

◁ Zutaten für den Brioche-Teig (Rezept Seite 59) herrichten. Teig kneten, Brioches formen, in spezielle Förmchen setzen.

Bagels

Zutaten:

3/8 l Kartoffelkochwasser (abgegossen von Salzkartoffeln)
2 Päckchen Trockenhefe
3 Eßl. Honig
3 Eßl. Sonnenblumenöl
5 Eier
800–900 g Weizenmehl (Type 405)
1 Teel. Salz
2 l Wasser
2 Eßl. brauner Zucker

Ergibt 30 Ringe zu je etwa 142 Kalorien (594 Joule).

Zubereitungszeit:
3 Stunden

Backzeit:
3 mal 15 Minuten

Unser Tip:
Bagels bleiben drei bis vier Tage frisch. Sie stammen aus der jüdischen Küche und werden besonders in New York kultiviert. Man kocht sie, damit die Kruste fest wird, das Innere aber weich bleibt.

So wird's gemacht:
In die Hälfte des lauwarmen Kartoffelwassers die Hefe einrühren und auflösen. • In der anderen Hälfte Honig und Öl so lange rühren, bis sich der Honig gelöst hat. • 4 Eier leicht verquirlen. • In eine große Schüssel 800 g Mehl und Salz geben, Hefewasser einrühren und dann die Honig-Ölmischung. Die Eier darunterschlagen, eventuell etwas Mehl nachgeben, bis sich der Teig von der Schüssel löst. • 10 Minuten auf bemehltem Brett gut kneten. • Einen Ball formen, in ausgeölter Schüssel mit einem Küchentuch bedeckt an warmem Ort 1½ Stunden gehen lassen. Der Teig muß sich verdoppeln. • Ofen auf 225° (Gas Stufe 4–5) vorheizen. • Das Wasser mit dem Zucker zum Kochen bringen. • Den Teig zusammenschlagen und in 30 kleine Stücke schneiden. • Jedes Stück zu einer Rolle, 15 cm lang, 1½ cm dick formen. Jede Rolle zum Ring legen, die Enden gut zusammendrücken. • Immer einen Teigring sofort in das kochende Zuckerwasser geben. Wenn er hochkommt, wenden und noch eine Minute kochen lassen. Mit Schaumlöffel herausnehmen. • Die so gekochten Ringe auf ein gut geöltes Backblech setzen. 1 Ei leicht verquirlen, die Bagels damit bestreichen. • Jeweils das volle Blech auf die Mittelschiene in den Ofen geben und 10 – 15 Minuten backen, bis die Bagels braun sind.

So schmeckt's am besten:
Mit leicht gesalzener Butter, mit Quark, mit Honig, zu Creme-Käse oder Räucherlachs.

Variante
Roggenbagels: Alle Zutaten genauso verarbeiten, doch zur Hälfte Roggenmehl (Type 997 oder 1370) statt Weizenmehl nehmen und 1 weiteren Teelöffel Salz dazugeben.

Western-Sauerteigbrötchen

Bild Seite 63

Zutaten:
250–300 g Weizenmehl (Type 405)
1 Eßl. Zucker
2 Teel. Backpulver
3/4 Teel. Salz
200 g Sauerteig
2–3 Eßl. Schweineschmalz

Ergibt 30 Stück zu je etwa 64 Kalorien (268 Joule).

Zubereitungszeit:
40 Minuten

Backzeit:
30 Minuten

Unser Tip:
Setzen Sie diese Brötchen in eine Muffins-Form oder jeweils 2 Stück in Ragoutförmchen.

So wird's gemacht:
250 g Mehl, Zucker, Backpulver und Salz in eine Schüssel geben, gut mischen, den Sauerteig darunterschlagen. • Das weiche Schweineschmalz untermengen und den Teig schlagen, bis er sich von der Schüssel löst. Eventuell noch etwas Mehl zugeben. • Eine Springform von 24 cm Durchmesser mit Schweineschmalz ausfetten. • Vom Teig walnußgroße Stückchen abstechen, in Mehl wälzen (sie lösen sich dann nach dem Backen besser voneinander) und dabei zu Kugeln formen. Im Kreis mit Abständen in die Springform setzen, bis der ganze Teig verbraucht und die Springform gefüllt ist. • 10–20 Minuten an warmem Ort mit einem Küchentuch bedeckt gehen lassen. • Den Backofen auf 200° (Gas Stufe 4) vorheizen. • Springform auf die untere Schiene stellen und die Brötchen 30 Minuten backen.

So schmeckt's am besten:
Köstlich zu Suppen, Eintöpfen oder lauwarm aus der Hand.

Varianten

Western-Zwiebelbrötchen: Alle Zutaten genauso verarbeiten. 1 mittelgroße Zwiebel feinhacken, blanchieren, gut abtropfen lassen, unter den Teig kneten.

Western-Butterbrötchen: Alle Zutaten genauso verarbeiten. Statt Schweineschmalz 2 Eßlöffel Butter verwenden.

Süße Western-Brötchen: Alle Zutaten genauso verarbeiten, aber zu den Western-Butterbrötchen noch 50 g eingeweichte, abgetrocknete Rosinen geben.

Deftige Western-Brötchen: Alle Zutaten genauso verarbeiten, doch zur Hälfte Roggenmehl (Type 997) statt Weizenmehl (Type 405) und ein ganzes Päckchen Backpulver verwenden.

Brote aus Fertigteig

Backfertige Brotmischungen

So wie Sie sich Ihren Backpulvermix oder Hefeteig für den Tiefkühlschrank bereiten, um jederzeit Brot und Brötchen backen zu können, hat auch die Industrie vorgesorgt und bietet verschiedene backfertige Brotmischungen an. Alle diese Hefebrote haben eine kurze Zubereitungszeit, da sie nur wenig gehen müssen. Es lohnt sich also schon, sie zu backen, und vor allem lohnt es sich, mit ihnen gefüllte oder gewürzte Brote zu machen, wenn sich überraschend Gäste ansagen. Sie können das Brot in 40 Minuten im Ofen haben und sich noch bequem um anderes kümmern, während es gehen und backen muß. Wir haben für Sie probiert und für Sie entdeckt:

Schinken im Brotteig

1 Packung Bauernbrot, ½ l lauwarmes Wasser, 800 g Delikateßschinken (Dose) oder 600 g gekochter Schinken im Stück.

Den Teig nach der Vorschrift auf der Packung zubereiten. • Den gegangenen Teig zu einer länglichen Platte, etwas größer als die doppelte Größe des Schinkens, ausrollen. • Eine Küchentrick-Oblate etwas größer als das Schinkenstück zurechtschneiden. • Auf den Teig legen und den Schinken daraufsetzen. • Die Teigränder mit Wasser bestreichen und um den Schinken schlagen. Nahtstellen gut aufeinanderdrücken, Seitenenden unter den Teigmantel drücken. • Auf ein gefettetes Backblech legen, mit einem Tuch bedecken und weitere 15 Minuten gehen lassen. • Oberseite zweimal mit scharfem Messer einritzen, mit Wasser bestreichen. • Backofen auf 200° (Gas Stufe 4) vorheizen und das Brot auf der untersten Schiene 60 Minuten backen lassen.

Fleischbrot

1 Packung Zwiebel- oder Kümmelbrot, ¼ l lauwarmes Wasser. • Für die Füllung: 300 g Hackfleisch, 100 g Hackepeter,

1 gehackte Zwiebel, 2 Eßl. Semmelbrösel, 1 Ei, Salz, Pfeffer, Kapern.
Die Füllung aus den Zutaten mischen und nach Geschmack würzen. • Den Teig nach der Vorschrift auf der Packung zubereiten. • Den gegangenen Teig in der Größe 25 × 30 cm ausrollen. • Der Länge nach 3 etwa 10 cm breite gleichgroße Felder markieren. Das Mittelfeld mit dem Hackfleischteig belegen. Die äußeren Felder zur Mitte hin in etwa 2 cm breite Streifen schneiden. Diese über der Füllung abwechselnd schräg übereinanderlegen, so daß ein dichtes Gitter entsteht. • Vorsichtig in eine ausgefettete Kastenform (35 cm) legen. Zugedeckt an warmem Ort nochmals 15 Minuten gehen lassen. • Backofen auf 200° (Gas Stufe 4) einstellen. Auf der Mittelschiene 50 Minuten backen lassen. • Etwas stehenlassen, aus der Form nehmen. Warm servieren.

Schnelles Gewürzbrot

1 Packung Kümmelbrot, 1/4 l lauwarmes Wasser, 1 Teel. Anis, 1 Teel. Fenchel, etwas Salz.
Den Teig nach Vorschrift auf der Packung zubereiten. • Anis und Fenchel im Mörser zermahlen oder mit der Messerklinge zerdrücken und mit Salz unter den Teig schlagen. • Den Teig zu einem länglichen Laib formen, auf ein gefettetes Backblech legen und wieder etwa 15 Minuten an einem warmen Ort gehen lassen. • Backofen auf 200° (Gas Stufe 4) einstellen. • Die obere Seite des Teiges viermal 1 cm tief schräg einschneiden (nicht drücken!) und mit Wasser bestreichen. • Auf der Mittelschiene im Backofen 40–50 Minuten backen lassen.

Salamibrot

1 Packung Bauernbrot, 1/4 l lauwarmes Wasser, 150 g Salami.
Den Teig nach der Vorschrift auf der Packung zubereiten. • Die in Würfelchen geschnittene Wurst unter den Teig schla-

gen. • Den Teig zu einem länglichen Laib formen, auf ein gefettetes Backblech legen. Zugedeckt nochmals 15 Minuten an warmem Ort gehen lassen. • Backofen auf 180° (Gas Stufe 3) vorheizen. • Die obere Seite des Teiges viermal 1 cm tief schräg einschneiden (nicht drücken!) und mit Wasser bestreichen. • Brot auf der Mittelschiene im Ofen 50 Minuten backen lassen.

Noch schneller lassen sich die Fertigmischungen aus Irland zubereiten:

Mosse's Sonntagsbrötchen
125 g Mosse's Weißes für irisches Landbrot, 30 g Zucker, 60 g Rosinen, 30 g Butter, 0,8 l Milch.
Alle Zutaten gut verrühren und kurz durchkneten. Bemehlen, 5 Brötchen formen und im vorgeheizten Backofen bei 220° (Gas Stufe 4–5) auf der obersten Schiene 10–12 Minuten backen lassen.

Irisches Klosterbrot
500 g Mosse's Braunes für Klosterbrot, 0,3 l Wasser, Kümmel nach Geschmack.
Den Teig nach Vorschrift mischen und kurz durchkneten. Brotlaib formen und sofort im vorgeheizten Backofen bei 200° (Gas Stufe 4) auf der Mittelschiene gute 40 Minuten backen lassen.

Die neuen Küchenratgeber: Originell – praktisch – preiswert

Arne Krüger/Annette Wolter, Selber einfrieren, was schmeckt. Die besten Koch-Ideen und Tips zur Tiefkühltruhe. 72 Seiten, 20 Farbfotos, Zeichnungen. (Die »Rationalisierung« in der Küche).

Annette Wolter, Selber einmachen. Die besten Einmach-Ideen nach Großmutters Art. 72 Seiten, 10 Farbfotos, Zeichnungen. (Einmachen ist »in«).

Marianne Kaltenbach, Schnell gekocht für Zwei. Rezept-Ideen zum Verlieben. 72 Seiten, 20 Farbfotos, Zeichnungen. (Genüsse wie von Zauberhand).

Eva und Ulrich Klever, Selber Brot backen. Knusprig-frische Brotgenüsse, die in Ihrem Backrohr gelingen. 72 Seiten, 24 Farbfotos, Zeichnungen. (Eine dufte, heiße Sache).

Hannelore Blohm, Geschenke aus meiner Küche. Originelle Rezept-Ideen zum Selbermachen (und Aufessen). 72 Seiten, 17 Farbfotos, Zeichnungen. (Mitbringsel, die sonst keiner hat!)

Kochvergnügen und Freizeitspaß mit Fernsehkoch Max Inzinger. Die besten Rezept-Ideen und Hobbytips aus der Fernsehserie des beliebten Küchenmeisters. 104 Seiten, 20 Farbfotos, Zeichnungen. (Die wahre Fundgrube für kulinarische Bastler!)

Rezept- und Sachregister

3. Umschlagseite:
Alle diese Brote und Brötchen sind aus dem gleichen Grundteig gebacken worden: Vielseitiges Weißbrot (Seite 26).

hintere Umschlagseite:
Dieser Fünfpfünder aus Roggenmehl ist die äußerste Gewichtsgrenze für die Hausbäckerei im normalen Elektroherd (Rezept Seite 22).